大家小书

中国文化六讲

何兹全 著

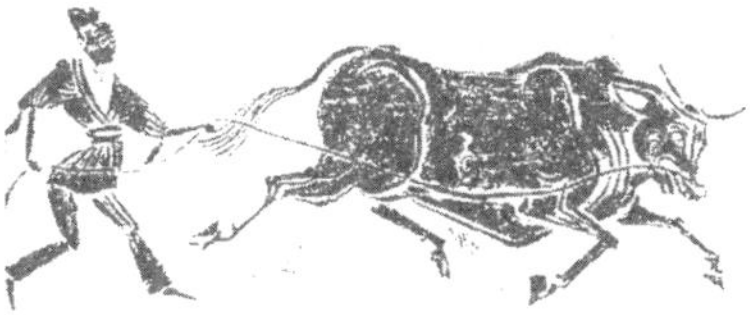

北京出版集团公司
北京出版社

图书在版编目（CIP）数据

中国文化六讲 / 何兹全著. — 北京 ：北京出版社，2018. 4
（大家小书）
ISBN 978 - 7 - 200 - 13077 - 5

Ⅰ. ①中… Ⅱ. ①何… Ⅲ. ①中华文化—通俗读物 Ⅳ. ①K203 - 49

中国版本图书馆 CIP 数据核字(2017)第 122798 号

总策划：安　东　高立志　　　责任编辑：王忠波　孔伊南

·大家小书·

中国文化六讲

ZHONGGUO WENHUA LIU JIANG

何兹全　著

*

北京出版集团公司
北　京　出　版　社　出版
（北京北三环中路 6 号　邮政编码：100120）
网　址：www.bph.com.cn
北京出版集团公司总发行
新华书店经销
北京华联印刷有限公司印刷

*

880 毫米 ×1230 毫米　32 开本　6.125 印张　104 千字
2018 年 4 月第 1 版　2023 年 2 月第 5 次印刷

ISBN 978 - 7 - 200 - 13077 - 5

定价：38.00 元
如有印装质量问题，由本社负责调换
质量监督电话：010 - 58572393

总　序

袁行霈

“大家小书”，是一个很俏皮的名称。此所谓“大家”，包括两方面的含义：一、书的作者是大家；二、书是写给大家看的，是大家的读物。所谓“小书”者，只是就其篇幅而言，篇幅显得小一些罢了。若论学术性则不但不轻，有些倒是相当重。其实，篇幅大小也是相对的，一部书十万字，在今天的印刷条件下，似乎算小书，若在老子、孔子的时代，又何尝就小呢?

编辑这套丛书，有一个用意就是节省读者的时间，让读者在较短的时间内获得较多的知识。在信息爆炸的时代，人们要学的东西太多了。补习，遂成为经常的需要。如果不善于补习，东抓一把，西抓一把，今天补这，明天补那，效果未必很好。如果把读书当成吃补药，还会失去读书时应有的那份从容和快乐。这套丛书每本的篇幅都小，读者即使细细地阅读慢慢地体味，也花不了多少时间，可以充分享受读书的乐趣。如果把它们当成补药来吃也行，剂量小，吃起来方便，消化起来也容易。

我们还有一个用意，就是想做一点文化积累的工作。把那些经过时间考验的、读者认同的著作，搜集到一起印刷出版，使之不至于泯没。有些书曾经畅销一时，但现在已经不容易得到；有些书当时或许没有引起很多人注意，但时间证明它们价值不菲。这两类书都需要挖掘出来，让它们重现光芒。科技类的图书偏重实用，一过时就不会有太多读者了，除了研究科技史的人还要用到之外。人文科学则不然，有许多书是常读常新的。然而，这套丛书也不都是旧书的重版，我们也想请一些著名的学者新写一些学术性和普及性兼备的小书，以满足读者日益增长的需求。

“大家小书”的开本不大，读者可以揣进衣兜里，随时随地掏出来读上几页。在路边等人的时候，在排队买戏票的时候，在车上、在公园里，都可以读。这样的读者多了，会为社会增添一些文化的色彩和学习的气氛，岂不是一件好事吗？

“大家小书”出版在即，出版社同志命我撰序说明原委。既然这套丛书标示书之小，序言当然也应以短小为宜。该说的都说了，就此搁笔吧。

序

《中国文化六讲》是北京师范大学何兹全教授应新竹清华大学思想文化史研究室邀请，担任“竹企思想文化讲座”所做的学术演讲成果。全书虽然形式上分为六讲，但实质上却围绕着中国文化的起源、背景、发展及未来前途而展开探讨，前后一贯，自成一说，因而有结集出版的必要与意义。

何教授治史深受胡适、傅斯年、陶希圣、钱穆等人的影响，因此他颇能把握中国社会经济史的观点，以思考中国思想文化史的相关问题。这是何教授治史的特点，也是本书的特色。此外，何教授亲身经历了中国20世纪的政治、经济、思想、文化的重大变迁，对于19世纪以来中国如何在新世界中适应生存，以及如何在西方文化冲击下酝酿出新思潮，也有感同身受的情怀，所以他能在数十年研究中国传统的丰富基础上，思考切身的时代问题，并试图为中国未来寻找出路。因此本书不仅是一位终身治史者晚年的心得报告，而且也是一位身历时代变局的知识分子对于当代问题的反思与期望。这是本书的另一特色。

何教授在本书中对中国思想文化提出了以下一些论断。首先，何教授指出，中国文化特有素质自始即受到两个社会因素根源性的影响：一是农耕生活，一是家族本位。这两个因素对于中国文化所具有的特点以及专制国家体制的形成有深刻的影响。其次，他指出自西周至明清，中国由君权发展到专制国家体制可分为五个阶段，并非一成不变，而且其发展变化与社会经济背景息息相关。接着，何教授指出，中国文化有四条主流，即天命思想、伦理观念、大一统思想、中庸之道，而这四条主流的发展与前述政治、社会、经济发展关系密切。接着，何教授指出中国自唐代中叶以后有城市复兴现象，城市文化随着城市经济的兴起，其特点是由反宗教走入人文主义的市民思想。代表人物有韩愈、叶适、陈亮。何教授认为这是近代中国的新思潮的先驱，也是中国的文艺复兴。

何教授认为中国近代思潮有两个源头，一是中国传统文化，一是近代西方文化，而近代中国新思潮，就是学习西方近代文化以及资本主义文化。从太平天国之追求平等、平均，洋务运动之存心富国强兵，戊戌变法之主张君主立宪，孙中山之从事民主革命与社会革命，乃至五四运动之倡导民主与科学，都是中国近代新思潮与近代化的里程碑，其总目标都是在为中国民族文化思想寻找出路。何教授认为，这些寻找西方文化价值的努力基本上是正确的。最后何教授指出，中国文化未来的前途是乐观的，因为未来世界应是一个一体化的世界、和平的世界、大同的世界，而这个方向与中国文化的特质相符合。

何教授对中国文化所做的论断，有些来自于长期研究的心得，有些来自于对苦难时代的感受，也有些是个人对未来世界的企盼。因此，读者当然不一定都能接受，而且由于本书是采取宏观角度来剖析中国文化的，读者若有精致不足之感，亦属正常，但如果读者能设身处地体会作者所处时代及立论深意，则读后自有不同感受。

最后必须感谢“中央研究院”杜正胜院士及台北历史语言研究所黄宽重副所长，因为何教授莅临清华是由二位全力促成的。当然更要感谢的是许守泯与史甄陶、李宗翰三位同学，因为他们在酷暑中挥汗校对、编辑，才能使本书顺利出版。

张永堂

1997年9月于清华

目 录

自　　序

去年（1995年）12月，台北历史语言研究所约我去台参加纪念傅斯年先生百年诞辰学术研讨会，受新竹清华大学历史研究所张永堂教授之约为思想文化史研究室研究生讲中国思想文化问题。我写了这本《中国文化六讲》。

在这短短的六讲里，我讲了产生中国传统文化的土壤和环境，讲了中国传统文化的主流特点和发展，也瞭望了中国文化的未来。其中有几点关涉到我对中国文化整体的认识，想在这里先说明一下：

一、对中庸之道的理解

我现在深深地理解：中庸之道是中国传统文化的核心。我觉得中国文化异于西方文化之处，就在于中国文化中处处贯注着中庸之道的思想和精神。中国传统文化讲忠孝仁爱、信义和平，讲恕、讲礼、讲仁政，讲修身、齐家、治国、平天下，总都贯注着一个中庸之道的精神。一切都不要“过激”，又不要“不及”；适可而止，和为贵。儒家是讲“礼”的，但孔子就说：“事君尽礼，人以为谄也。”（《论语·八佾》）礼是好的，礼过了，人就会说是“谄”了。儒家是讲“爱”的，但讲得宽了，就会是“无父”，是“禽兽”。《孟子·滕文公下》：“杨氏为我，是无君也；墨氏兼爱，是无父也。无父无君，是禽兽也。”礼、爱，都不能过，过了就出毛病。可知中庸之道是核心。孔子说：“道之不行也，我知之矣，知者过之，愚者不及也；道之不明也，我知之矣，贤者过之，不肖者不及也。”（《中庸》）道之“行”与“明”，都靠中庸，过了，不行；不及，也不行。把中庸之道看作中国传统文化的核心来观察中、西文化的差异，是会对中国文化有更深入的认识和体会的。

二、中国专制制度的形成和发展

专制制度在社会中有“根”，这根就是家族。家族有长，君权、专制制度就是从家长、族长、酋长权发展出来的，是家长、族长、酋长权的继承和扩大。但中国专制制度不是从古就有的，它有个发展过程。我把中国自古以来政治制度的演化，分为五个阶段：①先秦时代：君权、贵族权、平民权三权鼎立的时代。②秦汉时代：君权渐强，贵族权、平民权渐衰仍力图挣扎的时代。③魏晋南北朝时代：平民身份地位衰落，平民权也跟着衰落，君权、贵族权大体保持平衡、君权稍强的时代。④隋唐宋时代：君权恢复、贵族权削弱的时代。⑤明清时代：专制制度时代。

这种认识和解释，不同于认为专制制度是组织大型水利工程的需要而产生；也不同于认为古代公社的继续存在是数千年来东方国家专制主义的基础说。中国没有数千年不变的专制制度。

三、中国的文艺复兴开始在唐朝时代

欧洲文艺复兴，意为欧洲古代文明的恢复和兴旺。古代希腊、罗马有过灿烂的文化，中世衰落，到了14—15世纪，欧洲又开始走出中世纪，恢复古代文明。城市交换经济的恢复和发展，是欧洲文艺复兴的基础。城市产生文明。希腊、罗马文明是城市文明，文艺复兴也是城市文明。14—15世纪欧洲文艺复兴的主要表现是反对宗教观的人文主义思潮兴起。人的思想，从来世回到现世，从宗教回到人文。

隋、唐初至末，中国城市经济在逐步恢复和兴起，中唐到宋一路发展下去。金属货币，又在市场上驱逐实物布帛成为唯一的交换媒介。城市经济和城市文化生活繁荣起来。韩愈的《谏迎佛骨表》和“文起八代之衰”可以看作中国文艺复兴的号角。宋明理学，市民小说《三国演义》《水浒传》《儒林外史》《红楼梦》都反映着中国的文艺复兴。由于中国资本主义迟迟不来，中国的文艺复兴便持续了很长一个时期。

四、东西文化的撞击和民族出路的求索

明末清初，特别是鸦片战争以后，西方文化进入中国。中国文化和西方文化发生撞击，撞击的结果，中国败，西方胜。东西方文化撞击的过程，也就是中国人民逐渐觉醒的过程。中国仁人志士抛头颅洒热血，求索自救的道路。“五四运动”以前，中国人摸索着走了几条道路，都以失败告终。

仁人志士为国牺牲，是可歌可泣、可感可敬的。可悲的是：理想超越了现实，道路脱离了基础，代价大而成功少，这是近代中国人民的大悲剧！

五、中国文化的未来

我对中国文化在未来世界能够存在而且发扬光大，是有信心的。信心来自中国文化的精神符合人类未来社会的需要。人类社会总是一步步走向一体化，一步步走向和平，一步步走向世界大同，而这些正是中国文化精髓所在。中国文化和未来世界的文化思想的精神和需要合拍。中国文化会受到重视。中国文化的前途是光辉的。

感谢永堂教授的热情和厚意，使这本《中国文化六讲》得以出版面世。出版事务多由研究所许守泯同学任其劳，也谨此致谢。

何兹全

1996年11月20日

前　言

什么是文化？古今中外下的定义太多了。我不去管它。我说：文化就是人类体力劳动和脑力劳动的结果和积累。地球上，自然存在的东西之外，凡经人类体力、脑力活动而后产生的东西，都属于人类文化。远古的人类，拾起一块石头，稍加打击便作工具使用，这便是石器。后来又有了稍微加工的石器。以前使用的就被称为旧石器，新的称为新石器。我们研究人类史前史，便称前者为旧石器时代或旧石器文化，后者为新石器时代或新石器文化。人类一路走下来，有了畜牧业、农业、手工业、近代企业，有了铁路、汽车、飞机、原子弹，有了政治组织，有了学术，等等。事态万端，都是文化。

我是学社会史、经济史、古代史的。虽然文化无所不包，经济、社会都在文化范畴之内，但一般所说的狭隘的文化范畴的东西，我是生疏的、不内行的。当然这不是说一无所知。有些问题，自己虽然没有深入地研究，但总有些意见和想法。我是个爱国知识分子。我走的是胡适、傅斯年、陶希圣、钱穆众家老师的路。对政治是黑门，书呆子，但好想问题，又喜发表意见。现在我就只在中国文化整体方面，提几个问题，略述自己的一些想法。请方家指正。

拟讲六题，题目如下：

第一讲　影响中国文化素质的两个根源；

第二讲　国家形态——走向专制；

第三讲　中国传统文化的几条主流；

第四讲　中国的城市复兴和文艺复兴；

第五讲　近代中国的新思潮——为国家寻找出路；

第六讲　中国文化的未来。

要之，要说点中国文化整体的东西。从古到今，中国人是怎样生活过来的。从过去看现在，从现在想将来，看看中国文化对人类有什么贡献，对未来还会有什么贡献。如此简单，如此而已。

第一讲　影响中国文化素质的两个根源

中国文化有中国文化的特点，有中国文化的素质。在我看来，使中国文化有这些特点和素质的，有两个根源：一个是农耕生活，一个是家族本位；一个是外在的，一个是内在的。中国文化的特点和素质，都受有这两个根源的影响。

一、农耕生活

钱穆先生研究人类文化，认为：人类文化，从源头处看，大别之不外三型：一是游牧文化，二是农耕文化，三是商业文化。游牧文化发生在高寒的草原地带，农耕文化发源在河流灌溉的平原，商业文化发源在滨海地带以及近海之岛屿。三种自然环境，决定了三种生活方式；三种生活方式，形成了三种文化类型。

地中海的商业文化，发展出古希腊、罗马文化，再发展出近现代欧洲文化和文明。农耕型文化，有埃及、两河流域、印度和中国，都创造了灿烂的古代文明。其中，中国文化一线，又一直延续下来没有中断，而且逐步扩大，由东往西，由北往南，由黄河流域而长江流域，而珠江流域。不像埃及、两河流域乃至印度，中间几换主人，文化未能一线发展下来，而且除印度外，局面都不大。因为局面不大，就常常被外来势力征服。游牧型文化，古代欧洲有日耳曼，亚洲有匈奴、鲜卑、突厥等，其文化发展水平对后世的影响，远不能和商业文化、农耕文化相比。在民族大迁徙后，日耳曼人即接受罗马文化，日渐脱离游牧文化，游牧文化圈日渐缩小。尽管日耳曼族是伟大的，日后对近代欧洲文化有很大贡献，但那是它改革后的事，与游牧文化关系甚小。亚洲的匈奴、鲜卑、突厥等，和日耳曼人走的是同一路线，由游牧生活改变为接受汉人农耕生活。游牧地区、游牧文化圈，日渐缩小。时至今日，便只有西方欧洲文化和东方中国文化两大系统，源远流长，成为人类文化的两大主干。

我们通常总说，黄河是中国古代文化的摇篮，意思是说，黄河平原可以有水利灌溉，这话自然是对的。但应该看到的是，中下游的黄河本身并不宜于灌溉，可以灌溉的是一些黄河支流。钱穆先生有一段论述很好，他说：

普通都说，中国文化发生在黄河流域。其实黄河本身并不适于灌溉与交通。中国文化发生，精密言之，并不赖藉于黄河本身。他所依据的是黄河的各条支流。每一支流之两岸和其流进黄河时两水相交的那一个角里，却是古代中国文化之摇篮。那一种两水相交而形成的三角地带，这是一个水桠杈，中国古书里称之曰“汭”。汭是在两水环抱之内的意思。……我们若把中国古史上各个朝代的发源地和根据地分配在上述的地理形势上，则大略可做如下的推测。

唐、虞文化是发生在现在山西省之西南部，黄河大曲的东岸及北岸，汾水两岸及其流入黄河的桠杈地带。

夏文化则发生在现在河南省之西部，黄河大曲之南岸，伊水、洛水两岸，及其流入黄河的桠杈地带。

周文化则发生在现在陕西省之东部，黄河大曲之西岸，渭水两岸，及其流入黄河之桠杈地带。

这一个黄河大隈曲，两岸流着泾、渭、伊、洛、汾、涑几条支流，每一条支流的两岸，及其流进黄河三角桠杈地带里面，都合宜于古代农业之发展。而这一些支流的上游，又莫不有高山叠岭及其天然的屏蔽，故每一条支流实自成为一小区域，宛如埃及、巴比伦般，合宜于人类文化之生长。（《中国文化史导论》“第一章　中国文化之地理背景”，2页，商务印书馆，1994）

比起埃及、巴比伦，甚至印度，中国是个大农业区。这个大农业区实则包括许多小农业区。中国古代的农民，分别在这些小农业区生活发展。这些小农业区又多有自然条件如高山峻岭，使它们互相划分开来，但又不局限它们间的交往。小区域发展起来之后，又彼此联合成大农业区。如此逐步联合，逐步扩大，黄河中下游合为一体，黄河流域、长江流域、珠江流域合为一体。内大平原，外隔沙漠、大洋，与海外、域外隔绝。待秦汉大一统后，才与南洋、印度、西域各民族接触。或则海域辽远，或则弱小，已皆不足为患。漠北游牧民族如匈奴发展强大起来之时，汉民族已形成一大农业区统一整体，足以和它抗衡，保护自己。

这一历史条件，使中国农耕文化得以继续发展，不像埃及、巴比伦之被中断。钱先生这些论断，都是很精辟的。

但是，说一地区一民族的文化类型受地理条件、自然环境决定，并不是说一地区一民族的各种事物、社会历史发展，都要由地理环境直接来决定。提出地理环境对人类历史发展有决定作用的学说比较早的，是法国启蒙思想家孟德斯鸠。他认为国家幅员大小、气候寒暖、土地肥瘠等，对这一国家的形式、法律性质、民质民俗、文艺、宗教等一切一切，都有决定性的影响。例如，他认为地理环境决定风俗厚薄，他说："高寒之国，其民风俭于东方，所以怡情者寡。至于温带稍增，而热带辄流于淫佚。"（孟氏著、严复译：《法意》，309页，商务印书馆，1981）地理环境决定宗教盛衰。"亚洲僧道妖巫之众，随其土之热度而增。印度最热，故其数亦最多。欧之神甫祭司，其所以为众寡亦然。"（同上书，341页）这样说就有些过头了。

其实，《史记·货殖列传》和《汉书·地理志》里，就多有地理环境和人的气质风俗习惯的关系的话，时间就比孟德斯鸠早多了。

把孟德斯鸠学说在中国大加宣扬的是梁启超。严复译《法意》，边译边随处提出他的不同意见，而梁启超却于1901年左右连续写了几篇文章，对地理环境决定论之说大加宣传。他把地理环境分为地势、地气两者。地势包括高原、平原、海滨等地形、位置及地质条件；地气即热带、温带、寒带等不同的气候条件。梁氏反复论证，世界各国各民族的社会历史无不受到地势、地气的决定性影响。他写了几篇文章来申述这个问题。

马克思主义在中国的最早的介绍人之一李大钊，也很看重地理环境对人类的生活、思想、心态的影响。他在《东西文明根本之异点》一文中说：

> 东西文明有根本不同之点，即东洋文明主静，西洋文明主动是也。溯诸人类生活史而求其原因，殆可谓为基于自然之影响。盖人类生活之演奏，实以欧罗细亚为舞台。欧罗细亚者，欧亚两大陆之总称也。欧罗细亚大陆之中央有一凸地曰“桌地”（Table land），此与东西文明之分派至有关系。因其地之山脉不延于南北，而亘乎东西，足以障阻南北之交通。人类祖先之分布移动乃以成二大系统。一为南道文明，一为北道文明。……南道文明者，东洋文明也；北道文明者，西洋文明也。南道得太阳之恩惠多，受自然之赐予厚，故其文明为与自然和解、与同类和解之文明。北道得太阳之恩惠少，受自然之赐予啬，故其文明为与自然奋斗，与同类奋斗之文明。一为自然的，一为人为的；一为安息的，一为战争的；一为消极的，一为积极的；一为依赖的，一为独立的；一为苟安的，一为突进的……一为自然支配人间的，一为人间征服自然的。南道之民族，

因自然之富、物产之丰，故其生计以农业为主，其民族为定住的。北道之民族因自然之赐予甚乏，不能不转徙移动，故其生计乃工商为主,其民族为移住的。惟其定住于一所也，故其家族繁衍；惟其移住各处也，故其家族简单。家族繁衍，故行家族主义；家族简单，故行个人主义。前者女子恒视男子为多，故有一夫多妻之风，而成贱女尊男之习。后者女子恒视男子为缺，故行一夫一妻之制，而严尊重女性之德。……此东西文明差异之大数也。

李大钊在他另外一篇文章《由经济上解释中国近代思想变动的原因》（《星期评论》新年号，1920），也发挥过这种思想。

李大钊显然受有孟德斯鸠的影响。马克思主义者自普列汉诺夫就看重地理自然环境对人类生活、文化的影响，李氏此说也就不足怪了。

但我们却要看到，随着人类经济发展和科学进步，地理环境、自然条件对人类的影响和支配会越来越小。交换经济的发展，扩大了人类的生活境界，使人类的生活不再只依靠本地的产品。通过交换可以取得本地以外各处的物品。荀子说过：

北海则有走马吠犬焉，然而中国得而畜使之。南海则有羽翮、齿革、曾青、丹干焉，然而中国得而财之。东海则有紫紶鱼盐焉，然而中国得而衣食之。西海则有皮革、文旄焉，然而中国得而用之。（《荀子·王制篇》）

从荀子的话里，我们可以看到，战国时候交换经济已逐渐改变各地的自给自足了。削弱了地方自然环境对人类生活的支配力。商品交换和人来人往，使地理环境对人的生活、文化的影响越来越小。

高科技的进步发展，更使地理环境的影响逐步缩小，越来越小。机器的创造，文明的进步，使人们的生活逐渐脱离土地的支配，使人们的生活大大地不依靠农业、牧畜业、渔业的简单生活。人类越原始，吃、填饱肚子在生活中的地位越重要。人和动物一样，一天到晚地奔波都是为吃。吃越重要，越离不开自然环境的影响甚至支配。人越文明、科技越发展，自然环境的影响、支配力就越小。人们日常生活中所用的，已不是简单的自然生产物品，而是经过加工制造的。就是吃的东西，也都是经过加工制造的。科学技术越发展，自然环境的作用就越小。以今天世界各地人民的物质文化来看，问题就更清楚了。资本主义和科学技术已使南欧的意大利、法国和北欧的瑞典、挪威过着大体相同的生活，都是高楼大厦，都是电灯、电话，都是汽车、飞机。地理环境、自然条件对人类生活的影响和支配力越来越小，已是明显的事实。

说自然环境对人的影响越来越小，是就发展来说的，却并不是说自然环境对人的思想、心态的影响会消失，更不是说自然环境对人的思想、心态已经起过的影响，如一个民族国家已经形成固定下来的文化类型，会走向消失。这是不会的。不但不会消失，而且是永远起着作用，即使将来全人类文化统一成一个体系，历史上的各种主要文化思想仍会点点星星地、成块地作为新体系的一部分，保存下来。

在传统农耕生活的基础上滋长着中国传统文化中天命、和平、中庸、融合等因素。

二、家族

自然环境、地理条件，是外在力量，它影响中国文化类型，使中国必然是农耕型文化。家族，是内在因素。家族，在中国文化、中国历史、中国社会中的地位是很突出的。它对中国文化历史的道路、方向、内涵和特性，都有深刻的影响。钱穆先生在《中国文化史导论》里曾说：

> 家族是中国文化最主要的柱石，我们几乎可以说，中国文化全部都从家族观念上筑起，先有家族观念乃有人道观念，先有人道观念乃有其他的一切。中国人所以不很看重民族界线与国家疆域，又不很看重另外一个世界的上帝，可以说全由他们看重人道观念而来。人道观念的核心是家族不是个人。（**《中国文化史导论》“第三章　古代观念与古代生活”，51页，商务印书馆，1994**）

“家族是中国文化最主要的柱石”，钱先生这话，说得是极好的，抓住了中国文化的核心。

西方文化与中国文化不同，西方文化可以说是个人文化，国家、政治、社会，一切都建筑在有独立人格的自立的个人基础上。个人直接对国家。居民是国家公民，公民对国家负责，国家对公民负责。家族不占重要地位，没有居间作用。中国文化则可以说是家族文化，个人组成家，家再组成社会、组成国家。家族居于中间地位，也居于“中坚”地位。国从家来；家是小国，国是大家。君权来自家长权。家长就是家君，国君就是一国的家长、族长。

五四时期，陈独秀就谈过这个问题。他说，西洋民族以个人为本位，东洋民族以家庭为本位：

西洋民族，自古迄今，彻头彻尾个人主义之民族也。……举一切伦理、道德、政治、法律、社会之所向往，国家之所祈求，拥护个人之自由权利与幸福而已。……法律之前，个人平等也。个人之自由权利，载诸宪章，国法不得而剥夺之，所谓人权是也。……东洋民族，自游牧社会，进而为宗法社会，至今无以异焉。自酋长政治，进而为封建政治，至今亦无以异焉。宗法社会，以家族为本位，而个人无权利。一家之人，听命家长。《诗》曰："君之宗之。"《礼》曰："有余则归之宗，不足则资之宗。"宗法社会尊家长，重阶级，故教孝。宗法社会之政治……一如家族，尊元首，重阶级，故教忠。忠孝者，宗法社会封建时代之道德，半开化东洋民族一贯之精神也。（**《东西民族根本思想之差异》，《青年杂志》第 1 卷第 4 号，1915**）

东洋，主要指中国。

父家长制家族，在夏商时期就出现了。夏商的王家世系都是父子相承的，太史公司马迁还写了《夏本纪》和《殷本纪》。太史公选夏商做一个新时代的开始，使它和以前的时代区别开来，总反映一点历史时代的变化。

但商末周初，商周两族的社会仍是以氏族为社会的组成单位的。周灭商后，殷民是一族族地被分给周族贵族去共同建立新国。周武王伐纣，他率领的有：庸、蜀、羌、髳、微、纑、彭、濮人，这大约都是周族部落联盟下的一些氏族部落，而千夫长、百夫长则是周族内部一些大小氏族长。

西周后期、春秋战国时代，是氏族解体向小家族演化的时期。氏族的解体演化，是兵分两路来进行的。一般氏族成员是一路，氏族贵族又是一路。

西周后期和春秋时期，八口之家或五口之家的小家庭，在社会上已显著存在。我们在《诗经》里看到一些诗篇，描写征人对家人的怀念或家人对征人的怀念，多半不出父母兄弟和妻室，氏族的影子就很淡薄了。

春秋时期，小家族已是比较普遍了。《左传》昭公十三年（公元前529年）载：

> （楚灵）王闻群公子之死也，自投于车下，曰："人之爱其子也，亦如余乎？"侍者曰："甚焉！小人老而无子，知挤于沟壑矣！"

小人指一般人民，老而无子，无人赡养，就只有死于沟壑了。这说明民间已是一家一户的小家族了，氏族组织的关系已看不见。直到今天，怕老而无子无人赡养，仍是农村多生儿子的一大原因。

战国时期，五口之家或八口之家的小家族，更是普遍存在了。战国初期李悝协助魏文侯进行改革，当时的农民是“一夫挟五口，治田百亩”。（《汉书·食货志》）稍后的孟子也说：“百亩之田，勿夺其时，八口之家可以无饥矣。”（《孟子·梁惠王上》）

商鞅变法规定，“民有二男不分异者，倍其赋”。（《史记·商君列传》）有二男以上就要分家，这是小家族的小家族了。

在氏族分解为家族的同时，不同氏族的家族也出现混居的情况。社会仍是以家族为最基层单位，但基层家族以上已不是按血缘排上去的氏族、部落，而是混入地缘关系，出现邻里乡党地方组织。《周礼·大司徒》条：

> 令五家为比，使之相保；五比为闾，使之相受；四闾为族，使之相葬；五族为党，使之相救；五党为州，使之相赒；五州为乡，使之相宾。

《周礼》大概是战国时代编纂成书的，但它有战国以前的材料，它也反映战国以前西周和春秋的情况。《管子·小匡》：

> 桓公曰："参国奈何？"管子对曰："制国以为二十一乡，商工之乡六，士农之乡（《**国语·齐语**》作"**士乡**"）十五。……制五家为轨，轨有长；十轨为里，里有司；四里为连，连有长；十连为乡，乡有良人。三乡一帅。"桓公曰："五鄙奈何？"管子对曰："制五家为轨，轨有长；六轨为邑，邑有司；十邑为率，率有长；十率为乡，乡有良人；三乡为属，属有帅；五属一大夫。武事听属，文政听乡。"

《管子》所记大概是齐国的情况。这里还看出国、野的遗迹，家、轨、邑、率、乡、属，名称有所不同，内容差不多。制鄙好像在乡之上多出一层"属"，但制国是"三乡一帅"。"五属一大夫"，似鄙中也是有十五乡，也是有五帅。

就《管子》所载来看，齐的地方行政（也是军事的）组织，无论国的家、轨、里、连、乡，还是鄙的家、轨、邑、率、乡、属，血缘关系都反映的少些。这或许是由于齐地商业交换经济发达，人来人往混居情况复杂所致。时至今日，我所出生的山东菏泽地区，仍是一村几乎是一姓，都是叔叔伯伯。

村以上的乡镇，就是各姓混居。

西周春秋战国时代的社会，无论是同姓氏族解体出现的同一家族区，还是各族已混居的地域区，社会构成都是以“家”为基础。社会的上层都建筑在“家”这一基础上。

贵族之家的氏族组织，解体似乎缓慢些，时间也比较迟些。我们从文献中，特别从《左传》中可以看到，春秋时期贵族的氏族还维系着，各国大小贵族的背后还有一个族。族人有困难时，贵族或宗子，有给予救恤的义务。《左传》文公十七年：

> 宋公子鲍，礼于国人。宋饥，竭其粟而贷之。……亲自桓以下无不恤也。

贵族或者宗子和他们的族人是祸福与共的，贵族于政治斗争失败，全族都要受消灭或放逐。春秋时期，这类事还常常发生（参见《左传》宣公四年、五年、十年、十三年等）。还有由族人组成的族兵，跟随本族贵族出兵作战（参见《左传》宣公十二年、成公十六年等）。

贵族氏族关系解体慢，或许和宗法制有关。

周人创立了宗法制（商人似乎还没有宗法制）。宗法制帮助氏族贵族维护它的氏族关系。周人灭商，是“小邑周”

灭“大邑商”。为了巩固周人的统治，有加强周族自身团结的必要，于是有了宗法制的出现。宗法制的本质，就是以宗法形式维持变相的氏族形式。《礼记·大传》一条记载，可以见出宗法制的一些仿佛。《礼记·大传》云：

> 别子为祖，继别为宗，继祢者为小宗。有百世不迁之宗，有五世则迁之宗。百世不迁者，别子之后也；宗其继别子之所出者，百世不迁者也。宗其继高祖者，五世则迁者也。尊祖，故敬宗；敬宗，尊祖之义也。

刘家和教授曾以树干和树枝的关系来形象化地说明宗法制。其文如下：

> 宗法制度很像一棵大树，树的主干就是大宗，世世代代由嫡长子继承；树的分枝，就是小宗。不过，分枝又是有系统的，大枝对于由它分出的小枝来说，又可以称是大宗。小枝对于大枝来说自然是小宗。不过小枝还有由它分出的更小的枝。这样可以依次分为五个层次。（《关于中国古代文明特点的分析》，载《东西方文化研究》，57页，创刊号，1980）

在以后的中国历史上，大家族和小家族两种形式，就继续平行地存在和演进着。它们各自起着自己的作用。小家族五口之家是国家徭役税收的基础；大家族是统治者的助手又是对手。

秦汉以下，五口、八口的小家族的变化不大。商鞅变法规定“民有二男不分异者倍其赋”，对小家族的影响似乎不大。西汉初年的陈平，就是和他兄嫂一起过活的。（参见《史记·陈丞相世家》）晁错说到社会人口时，是说：“今农夫五口之家。”（《汉书·食货志上》）西汉人口是一千二百多万户，五千九百多万口，平均每家为四点八七人，仍是五口之家。当然，小家族和大家族并不是一成不变的。小家族由于贵了富了就会升为大家族；大家族穷了贱了会降在皂吏，变为小家族。这情况，春秋时代就已出现。晋国贵族冀缺，失败之后就在齐国种地，他妻子给他送饭，已是数口之家的小家族了。（参见《左传》僖公三十二年）陈平做了丞相之后，家有奴婢数百口，小家族变成大家族了。

秦汉以后，历代的大家族在形式上和组成上却常有变化。

秦和西汉初期，大家族的面貌是六国旧贵族和豪族。有名的旧贵族，楚有景、昭、屈，齐有诸田，豪族强宗更多。在当时，这些大家族也都是编户齐民，在国家户籍上注籍。但他们宗族间的关系仍是很密切的。他们除宗族人外，还有些宾客、奴婢，这些人口都是团聚在他们家族、宗族周围的。他们对皇权有很大的威胁。秦始皇曾徙关东豪富之家十二万户于关中（《史记·秦始皇本纪》），就是为了打击他们。未被迁徙的多已隐姓埋名（参见《史记·项羽本纪》《史记·张耳陈余列传》）。刘邦徙齐诸田，楚昭、屈、景、燕、赵、韩、魏后及豪杰名家十余万口至关中（《史记·刘敬叔孙通列传》）。这十二万户、十余万口，自然包括六国旧贵族和他们的宗族、宾客、奴婢。迁徙他们都是由于他们族大，人多势众，威胁皇权。刘敬就对刘邦说：

> 诸侯初起时，非齐诸田，楚昭、屈、景莫能兴。今陛下虽都关中，实少人。北近胡寇，东有六国之族，宗强，一日有变，陛下亦未得高枕而卧也。臣愿陛下徙齐诸田，楚昭、屈、景、燕、赵、韩、魏后，及豪杰名家居关中。无事，可以备胡；诸侯有变，亦足率以东伐。此强本弱末之术也。（《史记·刘敬叔孙通列传》）

西汉后期，出现儒学世家。东汉时，儒学世家又进而为世家豪族。如袁、杨两家，都是四世三公，又多儒学大师，门生、故吏遍天下。

两汉时期，旧贵族、豪侠、儒家外，又出现豪富商人。西汉初他们已是“因其富厚，交通王侯，力过吏势”（《汉书·食货志上》）。大冶铁商卓氏，在临邛“即铁山鼓铸，运筹策，倾滇蜀之民，富至僮（奴隶）千人”（《史记·货殖列传》）。经过百年以上的发展，东汉的商人已是“身无半通青纶之命，而窃三辰龙章之服；不为编户一伍之长，而有千室名邑之役”（仲长统：《昌言·损益篇》）。东汉末年大商人东海糜竺，“祖世货殖，僮客万人，赀产巨亿”（《三国志·蜀志·糜竺传》）。刘备在徐州为吕布所袭，正在倒楣的时候，“竺于是进妹于先主为夫人，奴客二千，金银货币以助军资”。刘备“赖此复振”（同上）。糜竺所进的妹，就是糜夫人。

魏晋南北朝隋唐大家族的特点是门阀世族。他们也有个发展过程，东晋南朝为最盛期，东晋政权实际上是掌握在门阀世族手里。（参见田余庆教授：《东晋门阀政治》，北京大学出版社，1989）

秦汉魏晋南北朝的大家族，一门之内都是几十口或百口，即所谓百口之家。灵帝延熹年间，赵岐避祸隐姓埋名在市上卖饼，安丘地方大族孙嵩认出他来，说：“我北海孙宾石。阖门百口，势能相济。”董卓杀袁绍家族，一门之内，大小尊卑，死者五十余人。（《后汉书·袁绍传》注引《献帝春秋》）马超临死上疏说：“臣门宗二百余口，为孟德所诛略尽，惟有从弟岱，当为微宗血食之继。”（《三国志·蜀志·马超传》）马超这一门二百余口，至少包括同祖兄弟，即他家至少是三世同居。北魏后期，大臣杨播，“一家之内，男女百口。缌服同爨，庭无闲言”（《魏书·杨播传》）。杨播之弟杨椿也说过：“吾内外百口，何处逃窜，正当坐任运耳！”（《魏书·杨播传》附《杨椿传》）缌服是对高祖父的丧服。缌服同爨，就是五世同堂。大家族四世、五世同堂，是常见的。如北齐杨家就是“一门四世同居，家甚隆盛，昆季就学者三十余人”（《北齐书·杨愔传》）。杨椿、杨愔，都是弘农（恒农）华阴人，当是东汉名家杨震之后。此一大家族历数百年不衰。

这一时期，社会上存在着大大小小众多大家族。他们之中高级的在朝中做官，把持朝政；中级的把持地方政治；小的鱼肉乡里。

魏晋南北朝大家族的特点除政治社会经济方面有特权外，就是他们有众多的部曲、客等依附民。他们和皇权平分户口，他们的依附民都是“客皆注家籍”（《晋书·食货志》），不在国家户籍注籍。

北朝存在着“宗主督护制”，小家族围绕着宗主之家聚族而居，小的可有五十家、三十家为一户，多的可有数百家数千家。北魏末居于殷州西山李鱼川的李显甫，一宗多至数千家。（《北史·李灵传附显甫传》）北齐时“瀛冀诸刘，清河张、宋，并州王氏，濮阳侯族，诸如此辈，一宗将近万室，烟火连接，比屋而居。献武初在冀郡，大族猬起应之；侯景之反河南，侯氏几为大患。有同刘元海、石勒之众也”。（《通典》卷三引宋孝王《关东风俗传》）渤海蓨县高乾一家兄弟，或如高慎“以本乡部曲数千人自随”，或如高季式，“自领部曲千余人”，或如高昂“自领乡人部曲……等三千人”。（《北齐书·高乾传》）

北朝的宗主督护制大约有两个来源，一个来源是汉族人的组合。永嘉之乱后，一等大家族大多逃到南方去了，留在北方的大家族或雄武之人，就把族人和乡里姻亲邻居组织起来自卫。这些组织，有的失败了，有的解体了，有的一直留存到北朝。另一来源是少数民族定居后，仍保留氏族部落的宗族组织。《魏书·官氏志》：“登国初，太祖散诸部落，始同为编民。”《北史·外戚贺讷传》：“其后离散诸部，分土定居，不听迁徙。其君长大人皆同编户。”分土定居，是很自然的。

既然不游牧了而来到了农业区，自然会定居下来。但离散诸部、其君长大人皆同编户，却不那么简单。君长大人们离开对部落宗族的统领权，不会那么容易。以宗主督护制的形式，仍保留他们对宗族的统领权，是很可能的。宗主督护制，成为社会上另一种大宗族形式。

宋以后的大家族，政治特权逐渐缩小，但在社会上、经济上仍有优越地位。

秦汉豪族强宗和魏晋南北朝的门阀世族，所以能够强大，原因主要是人身依附关系的存在。秦汉的依附关系主要是奴隶和奴隶主关系，大家族都有成百上千甚至上万的奴隶。在奴隶、奴隶主关系的基础之上，也发展出来宾客关系，大家族都有众多宾客。魏晋南北朝的依附关系主要是依附民，如部曲、客和封建主的关系。大家族都有成百上千甚至上万的依附民。奴隶和依附民，都是在国家户籍中没有籍的。奴隶和“客注家籍”的依附民一样，注籍在主人的奴籍中（汉代大家族的宾客仍是国家的编户齐民，在国家户籍中注籍的）。

宾客、奴隶、依附民，是秦汉魏晋南北朝大家族的物质基础。有了这个物质基础，他们才有政治上的特权。门阀制度、士庶隔绝制、特权世袭制度，都是在依附关系、人口分割制这个基础上建立的。占有人口，远比占有土地重要。以土地占有为封建制基础的是不懂这个道理的。隋唐中叶和宋以后，依附关系、人口分割制被破坏了，代之而起的是契约制，地主和佃户要“明立要契”“收成依契约分”（《宋会要辑稿·食货》卷六三）。其实租佃制在唐玄宗时就已出现了。建立在依附关系这一基础之上的门阀制度等，也就跟着式微和破坏了。宋李焘说：“唐宋五代之乱，衣冠旧族多离去乡里，或爵命中绝，而世系无所考。”（《续资治通鉴长编》卷一〇三）又王明清说：“唐朝崔、卢、李、郑及城南韦、杜两家，蝉联珪组，世为显著，至本朝（宋）绝无闻人。”（《挥麈录·前录》卷二）

把门阀制度的破坏归因于“唐末五代之乱，衣冠旧族多离去乡里”，说服力是不强的。西晋末年永嘉之乱，衣冠旧族多逃往江南，门阀世族不仅未因此而毁，反而更盛。门阀世族之败，败在依附关系的衰落。而依附关系的衰落，又是城市经济、交换经济发展的结果。城市产生文明。唐宋时期，城市交换经济的发达，贩夫走卒，交易来往使人有定居、土有定主的关系逐渐破坏，出现“贫富无定势，田宅无定主”（袁采：《袁氏世范》，载《知不足斋丛书》）的形势，而依附关系也就随之衰落了。

大家族门阀世族依附关系的破坏，使依附民从依附关系中解脱出来，成为国家的编户民；五口之家的小家族，在社会上更普遍化了。

从大家族和皇权的关系方面说，大家族有二重性。它势力强大了，对皇权构成威胁，秦皇汉武都打击它。但在维护社会安定方面，它又是皇权的得力助手。如何维持大家族的存在，使其一面发挥维护社会安定的作用，一面又能成为皇权的助手，成为理学家考虑的问题。看到唐末五代政治局面和社会治安长期的动乱不稳定，使理学家们更注意大家族在这方面的作用。

经宋理学家设计、后代人补充的新的家族的理想形式大略如下：

（一）发扬尊祖敬宗的宗法精神，利用现存聚族而居的形式，以祖庙、祭祀、族田、族谱、族规、族学等制度和法规，把同族人联系起来；以族约、族规、尊祖、亲亲等教育族人。使家族和睦、团结，并使家族组织成为社会安定的因素，不是对抗的因素。

（二）鼓励宗族中的大家成为宗族中的模范家族。这些大家往往是政治上有地位的做官人家；社会上有声望、有文化学术的人家；经济上富有、有土有财的人家。这些大家族的家长，最好能成为全族的族长。族长有权威管理族中的事和人。

宋以后的家族，大略都是沿着这条设计线发展的。我对宋以后家族的发展和制度无研究，我这里愿以山东菏泽何氏家族为例，略做说明。这是我的家族史。

菏泽何氏家族是明朝洪武年间由山西洪洞县迁来的。先到河南考城，后到山东定陶，再到菏泽。从山西迁出的始祖（别子为祖）算起，五世祖何尔健万历十七年进士，曾做过御史、大理寺丞、辽东巡按等职。他儿子何庆瑞万历三十八年进士，工部尚书。父子两代为官，奠定了何氏官宦门庭。直到民国年间，何家仍是菏泽大家族。有祠堂、老林、族田、族谱、族规。族长权威甚大。我幼年时，曾见过年节时分，祠堂里张灯结彩，族人在族长率领下，环跪祠堂庭院，叩拜祖像；也曾见过：族人犯规，族长于祠堂内悬挂祖宗遗像，焚香跪拜后，审问犯人，然后按倒在地打板子。族中有管事人，在族长率领下掌管族田、祖林和祠堂祭祀等事务。族中传下来有《训约十四条》，传系何尔健手订。文长不能全录，录其要句如下：

约之一：吾族务要恪遵祖训。以丧葬祭祀为重事。虽家贫分卑，不能具三牲五鼎，即豆羹盂饭，必诚必敬，竭尽孝思。

约之二：吾族务要恪遵祖训，以伦理为纪纲，父慈子孝，兄友弟恭，夫妇和顺。一家雍穆，端由于此。即同宗相处，须要安分守己。尊莫凌卑，强莫欺弱。卑幼者不许冒犯长上，富贵者宜怜穷困。循规蹈矩，宗族称孝，乡党称弟。

约之三：吾族务要恪遵祖训，以守身为良法。……敬守其身，必先严绝匪彝。损己之友，且莫相交，无益之事，且莫妄做。

约之四：吾族务要恪遵祖训，以立志读书为正务……人能日日诵读……读遍典坟，穷则为通儒，为正人；达则为忠臣，为义士。有济于国家，有光于祖宗。岂特邀一科博一第而已也。

约之五：吾族务要恪遵祖训，以教子为远图。故虽家贫，亦当勉力，择端方老诚君子，能通《孝经》、小学大义，堪为师范者教诲之。

约之六：吾族务要恪遵祖训，以法戒为要道。无论宗族乡党，如有老成忠厚，明道德，畏法度，行正事的，便当亲近效法。如有轻薄顽劣、弃礼义、损廉耻、急势力、媚权贵、做歹事的，便要疏远为戒。

约之七：吾族务要恪遵祖训，以婚姻为大典。不可贪慕一时之富贵，致亏择配之大礼。……曾见佳儿娶富贵之闺秀．以淑女嫁膏粱之子弟，下稍结局，苦不堪言者。若婿德贤良，妇非骄悍，虽与寒素联姻，胜富贵多矣。

约之八：吾族务要恪遵祖训，以勤俭为根本。或耕，或读，或仕宦，或营运，或方技，总要持心公平，不恃伪诈，不惜辛勤。

约之九：吾族务要恪遵祖训，以继嗣为定礼。……乏嗣者，即于本族择应继之人以续之。……且不可过继异姓之胤，以致乱宗灭祀，得罪祖先，不孝之罪，实莫大焉。

约之十：吾族务要恪遵祖训，以伉俪之分须要严谨。

约之十一：吾族务要恪遵祖训，以利欲为鸩毒。倘命运蹇屯，福分浅薄，不能进取功名，当训蒙耕织为生。

约之十二：吾族务要恪遵祖训，以嫖赌为陷阱，莫近娼妓，莫亲赌棍。

约之十三：吾族务要恪遵祖训，以防范为家法。治家须自内及外，谨守礼法。

约之十四：吾族务要恪遵祖训，以争斗为恶习。须是存心和顺，律己谦恭。若遇宗族乡党，往来交接之际，和言悦色，毋陵人。则爱人而人爱之，敬人而人敬之，暴戾之气自消。若忿以致祸，亡躯丧命，而危父母，非名门右族之子弟也。

这十四条，大抵概括了中国传统优良文化中修身齐家的精髓。

魏晋南北朝隋唐的门阀世族，是与社会隔绝，“士庶之际，实自天隔”（《宋书·王弘传》）。而这些世家豪族，又是皇权的敌对体，威胁皇权，为朝廷所不喜。宋以后的家族，大家族，阀阅世家，大都糅合于五口之家的社会之中，家族剔除了强暴之气。

从与世隔绝，到糅合于社会之中，这是家族史中一大革命。这和科学制是配合的，使家族与皇权更加协调。更加巩固了宋元以后发展起来的东方专制主义的政治体制。

总之，西周氏族解体后，家族分两条路向前演进：一条是大家族，它继承的是氏族贵族之家。它们在秦汉为豪宗强族，在魏晋南北朝为门阀世族，宋以后为缙绅家族。秦汉的豪宗强族，依靠的首先是他们的奴隶、宾客，其次是宗族。秦汉的豪族强宗，还有收族的氏族传统，常常分财给宗族中贫困之家。越到东汉后期，皇权式微过程中，豪族强宗的势力越大，同宗族间的联系也越多越强。魏晋南朝的门阀世族和社会上的同宗小家族的关系，是越来越淡薄的。南朝门阀世族和同宗小家族是很少联系的。大家族和小家族之间即士庶之间，“实自天隔”。宋以后的缙绅家族和同宗小家族的关系又强化起来。这种联系宗族血缘的关系比较强，不像秦汉主奴的味道比较浓。宋以后的同宗大家族和小家族之间，靠宗庙、族谱、族规、族田等来强化关系。

在阶级社会里，特别是封建社会里，等级制比较严格，特权比较多。人人皆须要有各种关系来支持，须有各种关系来保护。没有特权又没有各种关系保护的人，是最孤独的，无依无靠的，也是最危险的。如果要从社会地位上来看，大概是：大人物需要各种支持，小人物需要各种支持。同宗同祖，也是一种社会关系，大家族需要小家族的支持，小家族需要大家族的保护，这就给家族以凝聚力。由于中国自古及今，主要是农业社会，农民都和植物一样定居在村庄里，这种凝聚力就更显得牢固，家庭就成为亘古不变的社会基础，社会的本位。

家族的长期存在和成为社会的本位，遂使家族成为中国文化的繁殖和滋生点。中国的传统文化：忠孝、礼教、三纲五常、伦理，都和家族有联系，都是由家族而产生的。对于“西洋民族以个人为本位，东洋民族以家族为本位”以及中国家族和传统文化的关系，陈独秀说过一段话，说得很好，前面已引过了。

总之，农耕生活和家族是中国文化的两个根。中国文化的特点和素质都和这两个根有关系。中国以家族为本位和西方以个人为本位，尤成为突出的对比。西方的文化大多基于个人，中国的文化大多基于家族。家长就是一家之主。君权就是家长权的扩大，忠就是孝的延伸。

第二讲　国家形态——走向专制

氏族部落时代，有三种权力存在：酋长权、贵族权、部落成员权。酋长权和成员权出现比较早，氏族部落中出现贫富贵贱，渐渐出现贵族阶层，随后也出现贵族权。

远古以来，不但形成了西方文化和东方文化两大系统，在国家形态上也出现了东西不同的两种形态。一般说，西方继承的是氏族部落的氏族一般成员权，走的是民主的道路；东方继承的是酋长权，走的是集权的道路。

这是一个有待解释的问题，有待研究的问题。为什么亚洲民族的政治、国家形态多是走向集权的路、专制的路？西方（严格地讲，应说西欧）则一般都是走向民主的路？希腊、罗马，政治上是民主的，贵族有权，平民也有权。对君权来说，贵族权也属于民权方面。

近代更显著，欧洲（西欧）走的是民主道路，东方则走的是君主集权、专制的道路，民主制很难建立起来。

当然，说西方走的是民主的道路，东方走的是集权的道路、专制的道路，是大体的划分，而不是西方只有民主，东方只有集权、专制。绝对整齐划一的东西，是绝对不存在的。西方也有专制，罗马有过暴君。中国也有过民主，有过共和，有过立君、出君，有过“天听自我民听”。但尽管有这些情况出现，仍不妨说东、西方在国家形态上，在政治道路走向上，有民主、集权专制两种形态的不同和两条政治道路的不同。

为什么出现这种分野，原因是什么？根源在哪里？也有人试图给以解释。地理环境决定论者孟德斯鸠认为：

> 风气炎热的地区，其民则精神疲激，水土高寒地区的人民，形神交劲，有强毅刚果之风，故不畏难而轻冒险。炎国之雌弱，故常沦为奴隶；寒国之刚劲，有以保其自由。墨西哥、秘鲁，皆旧专制之国也，皆近于赤道。有以弹丸之地，犹能享其自由者，则近极地者也。（《法意》，357页，商务印书馆，1981）

德国人魏特夫（Karl A. Wittfogel，定居美国），把专制主义归因于水利灌溉。水利灌溉需要修建设施和管理，需要有组织者，专制主义应运而生。

马克思主义创始人之一恩格斯则认为古代公社是专制主义政治产生的根源。他说过这样一段话：

> 古代的公社，在它继续存在的地方，在数千年中曾经是从印度到俄国的最野蛮的国家形式即东方专制制度的基础。（《反杜林论》，178 页，人民出版社，1970）

看来，东方出现专制和农业文化、小农社会是有些联系的，但从气候寒暖、水利灌溉和原始公社来解释，说服力还是不强的，这问题有待进一步研究。现在我只根据材料说明事实。

在历史上，东方中国也不是纯无民主的。古代中国的禅让传说，就是古代氏族部落时代酋长由部落成员和贵族民主推选的反映。先秦时代，平民权和贵族权曾以国人、士大夫身份以各种形式和君权对抗。在对抗中，不断进行协调，最后这两权才逐步屈从于皇权、专制之下。

从西周到明清，是君权逐渐发展，最后走向专制主义的过程，也就是平民权、贵族权逐步衰歇的过程。这个过程，大概可以分为以下几个阶段：（一）先秦时代：这是君权、贵族权、平民权三权鼎立的时代。（二）秦汉时代：这是君权渐强，贵族权、平民权渐衰仍力图挣扎的时代。（三）魏晋南北朝时代：这是平民无权，君权、贵族权大体保持平衡，君权稍强的时代。（四）隋唐宋时代：君权恢复，贵族权削弱的时代。（五）明清时代：专制主义时代。兹略述如下：

一、先秦时代——君权、贵族权、平民权三权鼎立的时代

平民在政治上还是有发言权的。最有代表性的是西周厉王时候的国人暴动。厉王暴虐，国人起来把他赶跑。此后14年，国家没有国君，历史上称作“共和”。共和有两解，一是有“共伯和”者执政，一是周、召二公共同执政。厉王逃跑时，召公把太子藏在自己家里。14年后，厉王死在外边，召公等才拥立太子即位，是为宣王。宣王励精图治，周朝称为中兴。

据《周礼》等书的记载，周有内、外朝制度。外朝有一，内朝有二。外朝是朝万民的地方。《周礼·小司寇》条说：

小司寇之职，掌外朝之政，以致万民而询焉：一曰询

国危，二曰询国迁，三曰询立君。

郑玄注云："外朝，朝在雉门之外者也。国危，谓有兵寇之难；国迁，谓徙都改邑也；立君，谓无冢嫡，选于庶也。"《大司徒之职》条："国有大故，则致万民于王门。"

《周礼》成书可能很晚，大约再晚不会晚于战国。无论《周礼》何时才编纂成书，书的内容绝不会是编者凭空瞎造的，他使用了古代留下的材料。外朝制度，国有大事则朝万民于王门，它反映的是部落时代的部落成员大会，有大事则开大会讨论解决。

内朝有二，一在路门外，一在路门内。路门外的内朝国君和三公、六卿大夫在此议论国之大事，亦称治朝或正朝。路门内的内朝，亦称燕朝。国君和左右近臣在此研讨和执行政务。（参见《周礼·夏官司马下·司士》《天官·宰夫》《秋官司寇·朝士》郑玄注、《夏官·太仆》《礼记·王藻》《文王世子》各条）

路门外称作治朝或正朝的内朝，是从氏族部落的贵族会议演化下来的。路门内也称作燕朝的内朝，是从酋长和左右办事人的会议演化下来的。氏族部落发展扩大，成员大会不方便，贵族之家的权力大起来。路门外的内朝成为贵族的权力机关。

酋长向王的路上演化中，在王的身边成长起来一批出身不必高贵的新贵。燕朝就是他们和王商量办事的地方。

民权、贵族权、国君权和反映三权的内外朝，在春秋时期还有史迹可寻。

《左传》和《国语》里有不少朝国人以决定大事的记载。

《左传》僖公十五年，秦晋作战，晋惠公战败被俘。晋国贵族瑕吕饴甥为惠公出主意，“朝国人而……告之曰：‘孤虽归，辱社稷矣，其卜贰圉也。’众皆哭”。《左传》僖公十八年，“邢人、狄人伐卫，围菟圃。卫侯以国让父兄子弟。及朝众，曰：‘苟能治之，毁请从焉。’众不可”。

这是询立君的例子。晋惠公要让位于他的儿子圉，卫侯（文公）请以国让于父兄子弟，都要朝众，即朝国人。国人不同意，让国就不成。

《左传》定公八年，卫侯在和晋国的盟会中受辱，欲叛晋。他先召集贵族会议，说：“寡人辱社稷，其改卜嗣，寡人从焉。”其后，卫侯又“朝国人使（王孙）贾问焉，曰：‘若卫叛晋，晋五伐我，病何如矣？’皆曰：‘五伐我，犹可以能战。’……乃叛晋。”

《左传》哀公元年，“吴人入楚也，使召陈怀公，怀公朝国人而问焉，曰：‘欲与楚者右，欲与吴者左。陈人从田，无田从党。’”

这是询国危。卫侯朝众的众，当是国人。他本决定叛晋，怕贵族不从，所以先朝大夫，以“请改卜嗣”要挟大夫。又朝国人，问是否与晋人作战。贵族、国人都支持他，他才决定叛晋。陈怀公朝国人，以“欲与楚者右，欲与吴者左”的表决方式来决定与楚还是与吴。叛晋与否、与楚与吴，这都是关系国家存亡的大事，都由朝国人来征询意见，决定去从。

春秋时期，国家有大事要征询国人的意见是因为国人在国家政治生活中还有强大的力量。

《左传》闵公二年“冬十二月，狄人伐卫。卫懿公好鹤，鹤有乘轩者。将战，国人受甲者皆曰：‘使鹤，鹤实有禄位，余焉能战。’……及狄人战于荧泽，卫人败绩，遂灭卫”。国人还有从氏族部落时代继承下来的部落成员的民主权力，国君要靠国人打仗和支持。得不到国人的支持，就可能国破家亡。卫懿公得罪国人而亡国，就是最形象化的例子。

春秋时期，国人对国家大事总是积极主动表示意见的。国人对国君不满或意见不一致，就可以把国君赶下台，赶出国门。《左传》僖公二十八年，“卫侯欲与楚，国人不欲，故出其君，以说于晋”。国君不好，国人就把他赶出，这在当时人的心里认为是正常的，应该的。《左传》襄公十四年，卫人又出其君献公：

> 师旷侍于晋侯。晋侯曰："卫人出其君，不亦甚乎？"对曰："……夫君，神之主而民之望也。若困民之主，匮神乏祀，百姓绝望，社稷无主，将安用之？弗去何为？……天之爱民甚矣，岂其使一人肆于民上，以从其淫。而弃天地之性？必不然矣。"

师旷的话，反映了当时人对出君的看法，也反映了当时的君臣关系。君不好，罢免他，这是人民的权，民主权。

国人能驱逐国君，也能驱逐贵族。贵族主政，处理政务不当就可能遭受国人的驱逐。《左传》中这类事例很多，兹举其一。《左传》哀公十一年："夏，陈辕颇出奔郑。初，辕颇为司徒，赋封田以嫁公女；有余，以为己大器。国人逐之，故出。"大臣贪污，人民有权驱逐他、罢免他并把他赶出国门。

国人关心国事，常参与贵族与国君间的斗争，也常参与贵族与贵族间的斗争。往往是国人支持谁，谁就胜利。支持国君，国君胜；支持贵族，贵族胜。国人也有被利用的时候，错帮了坏人。但这里看重的是人民的政治权力，和人民在政治上的地位。《左传》中这类事例太多了，不举例。

古代人民的民主权力，在墨家学派中反映得最强烈。墨子主张天子、三公、诸侯国的正长，都由人民来选举。“选天下之贤可者，立以为天子”，“选择天下之贤可者，立置之以为三公”，“选择其国之贤可者，立置之以为正长”。（《墨子·尚同上》）墨家集团的成员多半是社会的下层劳动者，如小手工业者，乃至游民无产者，一种消费共产思想在墨家集团中比较流行。墨子，宋人，他们或许还有殷民族的血统关系。殷民是迷信、信鬼神的。也许因为这种关系，加上他们是社会的下层，文化教育修养差，墨家于强烈的民主要求外，愚昧、迷信也反映得最多。

战国时代，民主势力还是很强的。有代表性的是士在政治上、社会上势力的强大。士是社会上智慧的化身，国君要想使他们的国家在列国竞争中能够存在并进而强大，无不礼贤下士，求得智者对他们的帮助。国君礼贤下士者中，魏文侯是最有名的。“文侯受子夏经艺，客段干木，过其闾，未尝不轼也。”（《史记·魏世家》）齐国有稷下，集中了一大批士大夫知识分子。贵族中四公子养士是最出名的。士大夫合则留不合则去，大丈夫气概，非常神气。如魏公子：

子击逢文侯之师田子方于朝歌，引车避，下谒。田子方不为礼。子击因问曰："富贵者骄人乎？且贫贱者骄人乎？"子方曰："亦贫贱者骄人耳。夫诸侯而骄人则失其国，大夫而骄人则失其家。贫贱者，行不合，言不用，则去之楚、越，若脱屣然，奈何其同之哉！"子击不怿而去。（《史记·魏世家》）

战国时代，民权、民主思想表现最强的是孟子。有一次，齐宣王问孟子："汤放桀，武王伐纣，有诸？"孟子对曰："于传有之。"齐宣王说："臣弑其君可乎？"孟子说："贼仁者谓之贼，贼义者谓之残。残贼之人，谓之一夫。闻诛一夫纣矣，未闻弑君也。"（《孟子·梁惠王下》）又一次，孟子对齐宣王说："君之视臣如手足，则臣视君如腹心；君之视臣如犬马，则臣视君如路人；君之视臣如土芥，则臣视君如寇雠。"（《孟子·离娄下》）齐宣王听了孟子的话，也无可奈何。孟子在另外的地方还说过："民为贵，社稷次之，君为轻。"（《孟子·尽心下》）设或有人敢在朱元璋面前说这些话，是要杀头的。朱元璋不喜欢孟子，他差点把孟子从圣庙里逐出去。孟子当时敢说这些话，反映了战国时代民权的高涨，君权还没有绝对化。

先秦时代，是君、贵族、平民三权平行鼎立时代。

二、秦汉时代——君权渐强，贵族、平民权衰而力图挣扎的时代

秦和汉的前一时期，譬如说武帝以前的时期，君权有些高涨。这和秦的起家和秦灭六国统一全国有关系，也和法家学说得到国君、皇帝的信任和使用有关系。

秦穆公以前，秦国僻在西方，被东方文明国家看不起，被视为戎、狄。诸侯国有盟会都不要秦国参加。商鞅变法，使秦国强大起来。商鞅变法打击了贵族，也以什伍制贬低了平民的政治地位，强化了君权。秦始皇统一后，“收天下兵，聚之咸阳，销以为钟鐻、金人十二”。（《史记·秦始皇本纪》）这是使民间没有武器；又“徙天下豪富于咸阳十二万户”。（同上）这是打击旧贵族和豪侠之士。

可是贵族们的族权，仍以各种形式、面貌在以后的历史上出现（六国旧贵族、强宗大姓、世家豪族、门阀世族、缙绅地主等）。他们的地位，历代不衰。

秦统一后，六国贵族豪杰多隐姓埋名潜伏在民间。如楚国贵族项梁、项羽避地吴中。（《史记·项羽本纪》）又如张耳、陈余是大梁人，秦灭魏，知道这两人是魏之名士，下令捕

得张耳者给千金、陈余五百金。“张耳、陈余乃变姓名，俱之陈，为里门监。”（《史记·张耳陈余列传》）

六国的贵族和社会上的豪强之士，对秦自然是仇视的。韩国贵族张良，有家僮三百人，弟死不葬，结客刺秦始皇于博浪沙。虽未成功，亦可见其仇恨。（《史记·留侯世家》）

秦末，社会上流传着一句话，“楚虽三户，亡秦必楚”（《史记·项羽本纪》）。对“三户”的解释，有说是三户人家，有说指楚国三家大户景、昭、屈。语意上以前说为通，实质上以后说为强。秦末农民暴动，主力当然是农民，但领导权却是在六国贵族和接近贵族的英雄豪杰之“士”手中。张耳、陈余受陈涉命，北略赵地，他号召赵地豪杰说：“于此时而不成封侯之业者，非人豪也。”（《史记·张耳陈余列传》）张耳、陈余的话，是战国贵族、豪杰之士的心声。

六国的旧贵族和豪杰之士，大都参加了反秦运动，秦就是败亡在他们手里。陈胜只是首事而已。

西汉政权建立后，吸取秦亡的教训，对六国旧贵族和豪侠之士打击得更严厉。对强暴的，则打杀镇压；安分的也要迁徙，迁到关中天子脚下。

他们的迁，是举族同迁的。刘邦建立汉帝国后，徙齐国田氏，楚昭、屈、景、燕、赵、韩、魏及豪杰名家十余万口于关中。（《史记·刘敬叔孙通列传》）汉景帝、武帝时出了一些酷吏，这些酷吏的对手不是一般人民百姓而是贵族和豪强。

迁徙强宗大姓，成了西汉的国策。朝廷规定二千石以上的官吏之家，资产在三百万以上的（武帝时规定），一百万以上的（宣帝时规定），五百万以上的（成帝时规定），都要迁徙到关中。

从历史的角度来看，我们可以说皇帝和他们的矛盾就是君权、皇权和贵族权的矛盾。

秦始皇打击旧贵族，却还保存下来廷议制度，还任用博士（当时的士大夫知识分子），使他们也参加廷议。这多少有点儿古代贵族参政的遗迹味道，也算是"内朝"制的遗迹吧。

秦朝对农民则是压到底层的。农民的任务就是耕、战，耕、战之外什么也别管。人民的政治权力，在秦朝似乎是看不到的。

汉朝继承了秦朝的廷议制，也有博士参加。人民在政治上的地位，比秦时应说又有些提高。汉，究竟是东方传统文化的继承者。

汉朝任用官吏，主要有察举和征辟二途。《通考》："选举、辟召皆可以入仕，以乡举里选循序而进者，选举也；以高才重名躐等而升者，辟召也。"（卷二八）征辟制似为先秦国君“招贤”办法的遗续。郡国察举制似起自武帝时儒家董仲舒的建议。《汉书·董仲舒传》：“臣愚以为使诸列侯、郡守、二千石各择其吏民之贤者，岁贡各二人（以给宿卫）。”董仲舒是以“贤良”对策的。他所谓二人，即指贤良。郡国守相，每年推二位贤良给皇帝。贤良、文学，多是来自民间。公孙弘也是在武帝初即位时，“以贤良为博士”的。他是“家贫，牧豕海上，年四十余，乃学《春秋》杂说”（《汉书·公孙弘传》）。王吉，“琅邪皋虞人也。少好学明经，以郡吏举孝廉为郎，补若卢右丞，迁云阳令。举贤良为昌邑中尉”（《汉书·王吉传》）。贡禹，“琅邪人也。以明经洁行著闻，征为博士、凉州刺史，病去官。复举贤良为河南令。……遂去官。元帝初即位，征禹为谏大夫”。贡禹自己说他家庭的情况是：“臣禹年老贫穷，家訾（资）不满万钱，妻子糠豆不赡，短褐不完。有田百三十亩。陛下过意征臣，臣卖田百亩以供车马。”（《汉书·贡禹传》）这里先要弄清楚秦汉时期贫富的概念，贫富的界限是有多少资财。

《史记·淮阴侯列传》说：“韩信，淮阴人也。家贫无行，不得推择为吏。”按景帝后元二年五月诏曰：“今訾算十以上乃得宦，廉士算不必众，有市籍不得宦，无訾又不得宦。朕甚愍之。訾算四得宦，亡令廉士久失职，贪夫长利。”（《汉书·景帝纪》）汉时，资万钱，算百二十七钱；“訾算十以上乃得宦”，是有十万资产才得为吏。韩信家贫不得为吏，说明家财低于十万。《汉书·文帝纪》赞曰引文帝的话说：“百金，中人十家之产也。”师古注说：“中谓不富不贫。”汉代，金一斤为钱一万，百金百万，十金十万。家资十万是不富不贫的中家。十万以下，自然是贫家。韩信家贫不得推择为吏，大约家资不满十万。贡禹家资不满万，加上田一百三十亩，仍然穷得“妻子糠豆不赡，短褐不完”。自战国以来，五口之家有田百亩就算很理想的农民之家了，但还是个穷家。

汉代做官有很多途径，察举、征辟之外，还有作郎，等等。武帝时起，儒术独尊，博士弟子的仕途大开。所有这些途径都为一般比较贫穷之家的人开放绿灯。可以说，这些制度特别是察举制度，都起了协调君权和平民权的作用。在民主权已日渐萎缩的情况下，使贫民通过察举又得到参与政治的机会，也使政府获得从民间来的新生力量。

董仲舒和以后的儒家士大夫，可以说他们是古代平民权的代表，也可以说他们是贵族权的代表。

他们又提出天和五德终始说来压制皇权。

五德终始说起自战国邹衍，董仲舒承之。他把阴阳五行说和儒家德教仁政结合起来，创作了五德终始说。它的政治作用和影响是：士大夫知识分子用天人相应和天道循环来说明，皇帝政治修明则天降祥瑞，政治腐败则天降灾异。天不私于一家，天上五德运转，地上皇朝与天上五德相应，也要轮换进行统治。天上换德，地上就要换朝代。董仲舒说：

> 凡灾异之本，尽生于国家之失，国家之失乃始萌芽，而天出灾害以谴告之；谴告之而不知变，乃见怪异以惊骇之；惊骇之尚不知畏恐，其殃咎乃至。（《春秋繁露》卷八《必仁且智》）

惊骇之尚不畏恐，结果如何，董仲舒尚不敢明言，只说“其殃咎乃至”，实在是就要亡国。其后的人，说得就明白多了。西汉后期的谷永就说：

> 天生蒸民，不能相治，为立王者以统理之。方制海内非为天子，列土封疆非为诸侯，皆以为民也。垂三统，列三正，去无道，开有德，不私一姓。明天下乃天下人之天下，非一人之天下也。（《汉书·谷永传》）

宗室刘向也说：

> 王者必通三统，明天命所授者博，非独一姓也。……自古及今，未有不亡之国也。（《汉书·楚元王刘交传》附《刘向传》）

这些话，是一种当时流行的思想，都是平民权的旗帜，平民把天拉到自己这一边来，用天和君权对抗。

这是先秦“天听自我民听”“天生蒸民，作之君，作之师”思想的继承。这是民主权借天命而表现，以天命压皇权。这是汉朝儒家的理想。王莽信这理想，他在这理想支持下，登上皇帝宝座。这是中国历史上民主权的又一次高峰。但是王莽失败了。虽然禅让的形式还有一段时间在改朝换代时被使用，但它已是形式，虚伪的形式。此后，天只为皇帝用，不为民用了。

三、魏晋南北朝时代——君权、贵族权保持平衡的时代

继之而来的魏晋南北朝时代，是古代贵族权的继承者门阀

世族和豪族与皇权矛盾、平民无权的时代。平民多半成了半自由的依附民。

东晋政权，是在南北门阀世族拥戴下建立起来的，它对门阀世族完全是依靠的关系。特别是初期，对王家，王导、王敦，完全依靠。当时有“王与马共天下”之说。（《晋书·王敦传》）元帝即位，拉王导同坐御座。东晋时期，是门阀世族继承下来的贵族权的顶峰极盛时期。

刘宋时期，皇权已压倒门阀世族，但在贵族门第方面，仍不许皇权干涉。《宋书·蔡兴宗传》：

> 王弘为太祖（文帝）所爱遇。上谓曰：“卿欲作士人，可就王球坐，乃当判耳，殷、刘并杂，无所知也。若往诣球，可称旨就席。”球举扇曰（“球举扇曰”上似有轶文）：“若不得尔！”弘还，依事启奏。帝曰：“我便无如此何！”

（按：王弘是宋高祖刘裕时的重臣，不当有此故事。非记载之误，即必是另有一王弘。）又《南史·王球传》：

> 时中书舍人徐爰有宠于上，尝令球及殷景仁与之相知。球辞曰：“士庶区别，国之章也，臣不敢奉诏。”上改容谢焉。

皇帝“改容谢焉”和皇帝说“我便无如此何”，这是古代贵族权的继承者门阀世族对皇权的对抗。皇帝连使门阀贵族和庶族相交的权力都没有，贵族可以“臣不敢奉诏”来对抗，皇帝也只有“我便无如此何！”还得“改容谢焉”。

门阀世族完全控制着九品中正官人之法。人才高下，由朝廷和地方大小中正评定，政府根据中正评语任用官吏，其结果是高级官吏都为门阀世族所独占。西晋时便已出现“上品无寒门，下品无世族”（《晋书·刘毅传》刘毅对武帝上疏语）及“据上品者，非公侯之子孙则当途之昆弟也”。（《晋书·段灼传》）

汉代的察举制度，魏晋南北朝时还形式上存在着，但已不起作用。其所以没有作用，是因为民已无地位。汉代很多朝廷大臣都是由察举和征辟出身，魏晋南北朝通过察举而登高位的可谓绝无仅有。此时期的平民，已大体降为依附民地位，政治方面已完全无权力。

总之，魏晋南北朝时期是贵族权最盛的时期。个别时期，如东晋，贵族权竟至和皇权抗衡。

四、隋唐宋时代——君权恢复、贵族权削弱的时代

隋文帝灭陈，结束了南北分裂，再建统一大帝国。君权也随之强化，贵族权衰落。

隋文帝采取一系列措施加强皇权，加强皇帝对百官的控制，加强皇帝对人民百姓的控制。愚民政策，向专制上走。例如：

（一）开皇十二年，“制天下死罪，诸州不得便决，皆令大理覆治”（《隋书·高祖纪下》）。这是加强皇帝对地方的控制。

（二）开皇十三年二月：“制私家不得隐藏纬候图谶……”五月，“诏人间有撰集国史、臧否人物者，皆令禁绝”（同上）。这是加强对人民的控制，不得有反抗思想，对人对事不得有评论权。

（三）开皇十五年二月，“收天下兵器，敢有私造者，坐之”（同上）。这是禁民间有兵器。

（四）开皇二十年十二月，“诏东宫官属，不得称臣于皇太子”（同上）。这是加强皇帝的绝对权力。

（五）仁寿元年六月，“诏曰：‘……国学胄子，垂将千

数，州县诸生，咸亦不少。……今宜简省……’于是国子学唯留学生七十人，太学、四门及州县学并废”（同上）。这是愚民政策，向专制上走。

隋唐时期，皇权发展的同时，也摸索出一条在皇权控制下，君权、贵族权，甚至对平民也适用的互相协调的路。这就是科举制度。科举制度找到了在皇权下贵族权和民权的位置，使君权、贵族权、平民权协调起来。

钱穆先生对于始于隋唐，为后世所遵用，直到清末不能改变的科举制的历史作用，曾做如下估计：（一）此制用意，在用一个客观的考试标准，来不断地挑选社会上的优秀分子，使之参与国家的政治。（二）此制的另一优点，是使应试者怀牒自举，公开竞选，可以免去汉代察举制必经地方政权之选择。（三）在此制度下，可以根本消融社会阶级之存在。人民优秀分子均有参政机会，新陈代谢，绝无政治上之特权阶级。（四）可以促进全社会之向上。政治权解放，民间因按年考试之刺激，而文艺、学术普遍发展。（五）可以培植全国人民对政治之兴味而提高其爱国心，国家政权全部公开于民众。（六）可以团结全国各地域于一个中央之统治。各地域按名额获得其进士参政权，而历年全国各地士子群集中央会试，对于传播国家意识，交换地方情感，熔铸一体，更为有力。（钱穆：《国史大纲》，405—406页，商务印书馆，1994）这段话，对科举制的历史作用估计得是好的。只是认为“可以根本消融社会阶级之存在”，估计得高了些。阶级之存在，是根本消融不了的。但它可以协调社会阶级间的关系。出身于贫民的士子，考试得中，可以做官变为富贵，冲淡阶级感情，维持阶级平衡。特权阶级永远会有的，但通过考试使非特权阶级进入特权阶级，一些特权阶级也会失掉政治特权和社会财富而堕入社会的贫民阶层，从而打破了一个僵硬化的特权阶级。科举制不能消融阶级，也不能消灭特权，但它确实起了协调阶级关系的作用，缓冲了阶级矛盾，维护了社会安定。

有人说，这是资本主义以前，历史上最优秀的文官制度，是有道理的。

从君权方面看，这也是维护君权的最好的办法了。无怪唐太宗在端门上见新进士缀行而出，高兴地说：“天下英雄入吾彀中矣！”（《唐摭言·述进士上》）

皇权压倒平民权和贵族权后，自己便慢慢走向专制。中国通史一般称秦汉时期的中国为统一的、中央集权的、专制主义的国家。这样说实在早了些。秦汉时期，依我看只能说是统一的、半集权的（因为郡国还有很大权），还说不上专制主义的。称秦皇、汉武为古代暴君，都比称为专制主义合适些。

五、明清时代——专制主义时代

朱元璋开始，明清两朝，可以称作专制主义了。所谓专制而又主义，至少应有这几条：（一）皇帝一人说了才算；（二）君臣关系如主奴关系；（三）法律严酷，视臣、民如草芥。

朱元璋洪武十三年，诛杀左丞相胡惟庸后，即废除宰相制度，并下诏："以后嗣君毋得议置丞相。臣下有奏请设立者，论以极刑。"朱国祯《皇明大训记》谓："臣下敢有奏请设立宰相者，群臣即时劾奏，将犯人凌迟，全家处死。"（卷九）奏请设立宰相，这又算得了什么，竟至凌迟，全家处死！太专制了！

专制主义下，明代的人民已不是历史上的"编户齐民"而是国家的"差户"。汉代的编户齐民，其含意一则是编户都是齐等的，二则朝廷大官之家也都在编户之内，虽宰相之子也要和编户一样服役。明代的编户，则多称为差户，以服役性质不同分为各种户。有"油户、酒户、羊户、牛户、菜户、雅户、医户、各种民户"。役户的专业户分得越细，越暴露皇帝的封建地主性和人民吃粮当差的被奴役性。在专制主义统治下，平民成为皇帝的差户。除去通过科举，平民可以提高社会身份、政治身份，参加到社会的上层官吏一行列来外，一般民户一点政治权力也没有了。

专制主义下，受害最酷的是士人。专制主义所需要的是人民愚昧，最要打击的是人民有智慧。士人便成为最受打击的对象。《明史·刑法志二》记载：

> 及（洪武）十八年（1385 年）《大诰》成，序之曰："诸司敢不急公而务私者，必穷搜其源而罪之。"凡三《诰》所列凌迟、枭示、种诛者，无虑千百；弃市以下万数。贵溪儒士夏伯启叔侄断指不仕，苏州人才姚润、王谟被征不至，皆诛而籍其家。"寰中士夫不为君用"之科，所由设也。其《三编》稍宽容，然所记进士、监生罪名，自一犯至四犯者犹三百六十四人。

朱元璋对朝臣不如奴隶，常用严刑酷罚来对待士大夫。鞭笞捶楚，成为朝廷士大夫寻常之辱。廷杖尤为明朝酷刑。廷杖始自朱元璋，永嘉侯朱亮祖父子皆鞭死，工部尚书夏祥毙杖下。武宗正德三年，刘瑾矫诏百官悉跪奉天门外。顷之，下朝官三百余人入狱。及谏南巡，命朝臣一百零七人罚跪午门五日，晚并系狱，晨出暮入，又各杖三十。每廷杖，必遣大珰监视，众官朱衣陪列。左中使，右锦衣卫，各三十员，下列旗校百人，皆衣襞衣，执木棍。宣读毕，一人持麻布兜，自肩脊下束之，左右不得动；一人缚其两足，四面牵曳，惟露股受杖。头面触地，地尘满口中。受杖者多死；不死，必去败肉斗许，医治数月乃愈。京官每日入朝，必与妻子诀，及暮无事，则相庆以为又活一日。（参见钱穆：《国史大纲》，666—667页，商务印书馆，1994）

君臣关系如此！皇帝不仅视大臣如草芥，简直鸡狗不如，凌辱之！酷刑之！打杀之！惨无人道。此之谓专制。

明初，朱元璋惩治贪污极严。严惩贪污是好事，但并不能解决问题。大权既集中皇帝一人之手，皇帝一出问题，全国政治就会随之失控。明中叶以后，皇帝多是昏庸不问政事，有数十年不视朝的。群臣看不见皇帝，君臣脱节，政务靠太监传递。宦官权重、骄横跋扈，政治很快贪污腐败。

清朝政治，和明朝比有诸多不同，但在皇帝专制独裁上，两者大体一样。

总括起来说，中国的国家形态，氏族部落时期，和西方一样，有酋长权、贵族权、成员权三权。氏族部落破坏，东西方分道扬镳。在中国则西周春秋战国时期，大体可说是“三权鼎立”。战国开始，君权有超出发展。秦汉时期，一有豪族强宗和君权抗衡，二有五德终始和天命对皇权的抑制。魏晋南北朝，依附关系发展，平民权进一步衰落，但仍有门阀世家和君权相抗。唐宋以后，君权逐步独盛，虽有科举制协调君权、贵族权和平民权二者关系，使君权下面仍有人民参政的机会，但只是君权的工具而已。终至君权独盛，至明清出现专制独盛的国家形态。

第三讲　中国传统文化的几条主流

中国传统思想文化，方面很多，我只提出四点来讲：一、天命观念；二、伦理思想；三、大一统思想；四、中庸之道。

一、天命观念

天和天命观念的产生和农业有关。农耕民族是靠天吃饭的，其中最重要的是水。靠近河流的可以汲取河水灌溉，不靠近河流的地区便只有靠雨水。肥料对农业很重要，但没有水，肥料便无法发挥作用。而且在古代初耕阶段，土壤中便含有丰富的肥料，草木不需施肥就可以生长茂盛。所以水在初期农业阶段是头等重要的。古代最早的农耕区域，如埃及、两河流域、印度和中国，多在河流两岸，也就是这个道理。

农耕民族靠水吃饭。靠水吃饭就是靠天吃饭。因此，在古代农耕民族就很容易产生上帝的观念意识，认为有一位法力广大无边的帝或上帝，有一位有意志的天神在主宰着下雨。

帝或上帝和天的观念，起源应是很早的。就文献记载所见，殷人是已有这种观念了。甲骨卜辞中，“帝其雨”之类的卜辞是常见的。卜辞中有无“天”字，学者中尚有不同意见。有人说卜辞中的“天”是“大”，释“天”误。但不管卜辞中有无“天”字，殷人是敬天的，是敬天命的。在殷人的意识里，上帝就是天，天就是上帝。《尚书·汤誓》：“有夏多罪，天命殛之……夏氏有罪，予畏上帝，不敢不正。”这里前说“天命”，后说“上帝”，显然天就是上帝，上帝就是天。

在殷人心里，天或上帝是有意志的人格化的无上神。天或上帝主管天上、人间的一切。下雨他管，国家兴亡他管，人间一切吉凶祸福他都管。夏桀有罪，“天命殛之”。汤放桀灭夏，是受上天命令，“不敢不正”。周是商文化的继承者。天和天命观念也为周所接受、继承。武王伐纣，也是说：“今商王受，惟妇言是用……俾暴虐于百姓，以奸宄于商邑。今予发，惟恭行天之罚。”（《尚书·牧誓》）

做事不符合天意，天就会震怒，或警告，或惩治。武王以“彝伦攸叙”事问箕子，箕子回答说：

我闻在昔，鲧堙洪水，汩陈其五行。帝乃震怒，不畀洪范九畴，彝伦斁。鲧则殛死，禹乃嗣兴。天乃锡禹洪范九畴，彝伦攸叙。

武王死，成王即位。成王疑周公，周公居东不归。（《尚书·洪范》）于是“秋大熟，未获。天大雷电以风，禾尽偃，大木斯拔。邦人大恐”（《尚书·金縢》）。成王启金縢之书，知周公之忠，泣曰：“今天动威以彰周公之德，惟朕小子其新迎。”（同上）“王出郊，天乃雨，反风，禾则尽起。二公命邦人，凡大木所偃，尽起而筑之，岁则大熟。”（同上）做事不符合天意，天就会震怒，有以警告。

殷人、周人是既敬天又畏天的，直到孔子还说：“君子有三畏，畏天命，畏大人，畏圣人之言。小人不知天命而不畏也，狎大人，侮圣人之言。”（《论语·季氏》）孔子是很畏天命的。他说：“获罪于天，无所祷也。”（《论语·八佾》）得罪了天爷，祈祷都无用。

商周之际，出现了“天命靡常”的思想。这是历史经验教训的总结。《尚书·召诰》：“我不可不监于有夏，亦不可不监于有殷……惟不敬厥德，乃早坠厥命。”“夏有罪，天命汤灭之；商有罪，天又命周灭之。”由此，周人就意识到“天命靡常”。《诗经·大雅·文王》：“天命靡常，宜鉴于殷。”《左传》僖公五年引《周书》说：“皇天无亲，惟德是辅。”

这就是说，天命是常常改变的，天并不是老向着一家。天曾佑夏，夏有罪，天命殛之，又改佑商。商纣淫戏耽酒，天又佑助周。天命无常的思想，商人似亦有所认识。《尚书·微子》：“天毒降灾，荒殷邦。”《尚书·西伯戡黎》：“惟王淫戏用自绝，故天弃我。”这里面都有“天命靡常”的意识。周人的认识，更清醒，更自觉。

天命为什么无常？商周人的最初回答是“有罪”，有罪“故天殛之”。这从上面《尚书》的引文里可以看到。后来，周人意识到“皇天无亲，惟德是辅”。与此同时或稍晚，周人又意识到天心是依民心而变的。时间大约在西周后期或春秋时期了。这是天和天命思想的发展。

《左传》引《周书》“皇天无亲，惟德是辅”，是《书》的逸文，不见于现存的《周书》。但德的观念和思想，西周是已出现了的。据侯外庐考证，《诗·周颂》中“德”字曾五见；《大雅·文王之什》中，德字很多；今文《周书》十六篇中《康诰》《酒诰》《梓材》《召诰》《君奭》《多方》《立政》，都有“德”字出现。证之周金文中《盂鼎》《克鼎》

也有德字，更足以明《诗》《书》中关于德的记录是可信的。（侯外庐等：《中国思想通史》第1卷，91—92页，人民出版社，1962）

从《诗》、《书》、金文有关德的记载来看，德是一种行为的准则，如："文王之德之纯"（《周颂·惟天之命》），"我求懿德"（《周颂·时迈》），"惟不敬厥德，乃早坠厥命"（《尚书·召诰》），"非我有周秉德不康宁，乃汝自速辜"（《尚书·多方》），都可见德是一种准则。这种准则和天命是配合的。《尚书·康诰》："惟乃丕显考文王，克明德慎罚。……闻于上帝，帝休。"《尚书·召诰》："王其疾敬德，王其德之用，祈天永命。"敬德，按德办事，天就会佑助。

这是在天命无常、惟德是辅的敬天畏天思想支配下产生的一种自求多福的思想，以敬德，用德，"明德慎罚"来"祈天永命"，求天的长期佑助。

民，亦见于《周书》。《周书》二十篇中，有十六篇提到民。民，显然是指的人民大众。《尚书·洪范》："天子作民父母，以为天下王。""汝则有大疑，谋及乃心，谋及卿士，谋及庶人。"（按：《尚书·洪范》通篇多作"庶民"，只此一处作"庶人"。庶人当即庶民。）王有疑难，要谋及庶民，庶民是人民大众，不会是奴隶。其他各篇中，也可见民是人民大众和民在国家政治生活中的重要性。

《左传》中也有很多民的记载，更清楚地显示民是人民大众及其在政治上的重要性。如《左传》隐公四年，卫州吁立，欲“求宠于诸侯以和其民”，鲁隐公问大夫众仲：“卫州吁其成乎？”众仲对曰：“夫州吁弑其君而虐用其民，于是乎不务令德，而欲以乱成，必不免矣。”以民与君对称，更证民的地位的重要。此外说到民而又显示民的重要性的，如：“不抚其民，能无亡乎？”（襄公三十年）“民不堪矣，将何以终？”（昭公元年）“民无怀焉，国无与焉，将何以立？”（昭公十三年）

《左传》还常常把民和神并提。如：“国将兴，听于民；将亡，听于神。神，聪明正直而一者也，依人而行。”（庄公三十二年）“天之爱民甚矣，岂其使一人肆于民上？”（襄公十四年）“弃神人矣，神怒民叛，何以能久！”（昭公元年）“民和年丰，民和而神降之福。”（桓公六年）在《左传》里，还不止一处看到“民，神之主也”（参见桓公六年、僖公十九年）这类的话。因此，和民、敬神成为春秋时期国家的两件大事。

这时期的神，主要是指天或上帝。

与民神关系相联的，是天民一致的思想、天人合一的思想。天心天意是跟随民心民意而变的，天心天意是用民心民意来表示的。天是什么思想，看民的思想就行了。

《尚书·泰誓》里，这种思想特别鲜明。《孟子·万章下》引《尚书·泰誓》说："天视自我民视，天听自我民听。"孟子反复申述这种思想。孟子驳斥尧舜禅让说，他认为"天子不能以天下与人"，舜之有天下是"天与之"。但"天不言"，天与之是"以行与事示之而已"。行与事，怎样表示？孟子说："昔者尧荐舜于天，而天受之；暴之于民，而民受之。故曰：天不言，以行与事示之而已矣。""使之主祭，而百神享之，是天受之；使之主事，而事治，百姓安之，是民受之也。"殷周之际天是有意志的人格化的上神的思想，孔子、孟子都是接受的，它成为儒家传统思想的一部分。这从前面征引的孔、孟言论可知。

战国末年，又出现五德终始说，认为宇宙间有五种德，金、木、水、火、土德在运转，五德更替当运。齐人邹衍始倡其说。他认为"终始五德，从所不胜。木德继之，金德次之，火德次之，水德次之"。（《文选》左思《魏都赋》李善注引《七略》）人世间，朝代的更替是和宇宙间的五德相应的。邹衍就说："五德从所不胜。虞土，夏木，殷金，周

火。”（《文选》沈休文《齐故安陆昭王碑文》李善注引《邹子》）

汉儒董仲舒把五德终始思想融合到儒家政治思想里去，创造出两汉的儒学。他的大一统思想取得汉武帝的信任，武帝罢黜百家，儒家取得独尊的地位。

董仲舒所接受的阴阳五行说，重点在灾异论。国家将有失道之败，天就以灾害怪异来加以警告。他说：

> 臣谨按《春秋》之中，视前世已行事，以观天人相与之际，甚可畏也。国家将有失道之败，而天乃出灾害以谴告之，不知自省，又出怪异以警惧之，尚不知变，而伤败乃至。以此见天心之仁爱人君而欲止其乱也。（《汉书·董仲舒传》）

这种灾异思想，是从《尚书·金縢》里发展出来的。成王疑周公的故事，我们前面征引过了。

人君不好，天就要以灾异来谴告和警惧，以此见天心对人君的仁爱。这是董仲舒的灾异论。董仲舒还说：“自非大亡道之世者，天尽欲扶持而全安之。事在强勉而已。”（同上）只要勉强行道，“则德日起而大有功。此皆可使还至而有效者也”（同上）。董仲舒这一思想，是和五德运转的思想不合的。按照五德终始说，五德是运转不停的，成功者去，运总是要转的；人间皇朝，无论好坏，总是要“成功者去”的，朝代总是要换的。

武帝时，汉家政治社会经济都在兴盛繁荣时代，还谈不到伤败。西汉后期的天命思想，就又有发展，到了汉家德运已尽，非倒不可了。这时，在思想界占支配地位的三统说和五德终始说，是天命靡常说。拥护汉家政权的刘向已说：“王者不可不明三统，明天帝所受者博，非独一姓也。”（《汉书·楚元王刘交传》附《刘向传》）谷永对成帝说：“臣闻天生蒸民，不能相治，为立王者以统理之。方制海内，非为天子；列土封疆，非为诸侯，皆以为民也。”又说：“天下乃天下人之天下，非一人之天下也。”（《汉书·谷永传》）

文化史上如何评价天命、灾异、五德终始等思想观念，是一个问题，但从政治史上看，天命观念、五德终始观念都对皇权起了抑制作用。在已没有民权的时代，方制海内，列土封疆，不是为天子诸侯而是“皆以为民也”，“天下乃天下人之天下，非一人之天下”，都是极开明的思想，极辉煌的思想，对皇权起到制约作用的思想。王莽依靠“天命”取得天下，取得皇帝宝座。

东汉以后，天命思想，“天下者天下人之天下，非一人之天下”衰歇了。天命思想，在三方面保留着：（一）在民间保留着。愚民无知，还信天命，求老天爷保佑。（二）在皇家保留着。皇帝还自称天子。其实皇帝也自知非天之子，但他仍以天子欺骗人民。禅让这套虚套，保持到隋唐。（三）在知识界保留着。有意识的人格化的天是否存在亦引起怀疑，但天人之际，天人合一的问题，仍在继续被追求加以认识。

天和天命思想，在古代曾和民结合，提出天下是天下人的天下，非一人的天下，这是中国传统文化中光辉的一页。在后代，它只和天子结合，成为专制主义皇权的护身符、保护伞，这是天、天命观念的另一面。无论怎样看待天和天命问题，它在中国思想文化史上是一个主流，占有一定的位置，是客观事实。

二、伦理思想

伦理是指人和人的关系。在中国人的观念里，人和人的关系主要有五种关系，即君臣关系、父子关系、夫妇关系、兄弟关系、朋友关系。这五种关系中最重要的一环是家族关系。这五种关系中，家族关系占了三种，而君臣关系是父子关系的扩大，朋友关系是兄弟关系的扩大，“四海之内皆兄弟也”一句古话，反映朋友关系和兄弟关系间的关系。

中西伦理思想不一样，其中最大的差别在于：西方人的伦理思想建立在以个人为根本的基础上，中国人的伦理思想建立在以家庭为根本的基础上。西方人以个人为独立的单位，一切从个人出发，个人和个人、个人和社会、个人和国家。中国则以家为单位，家和国家、社会的关系，重于个人和国家、社会的关系。个人只是家的一个组成部分，没有独立自主的人格。

中国社会中，家庭是基本环节。在伦理观念中，孝是重要的。其次是兄弟关系、夫妻关系。兄友弟恭，夫妻和睦。

《易·家人·彖》曰："家人，女正位乎内，男正位乎外。男女正，天地之大义也。家人有严君焉，父母之谓也。父父、子子、兄兄、弟弟、夫夫、妇妇，而家道正。正家，而天下定矣。"《中庸》："君臣也，父子也，夫妇也，兄弟也，朋友之交也，五者天下之达道。"《孟子·滕文公上》："使契为司徒，教以人伦，父子有亲，君臣有义，夫妇有别，长幼有序，朋友有信。"君臣、父子、夫妇、兄弟、朋友关系，孟子所称的人伦关系，通常称之为五伦关系，这是天下之达道，即天下之大道。这五伦中，三伦在家中，一伦在国家，一伦在社会。国家、社会的两伦，实即家庭内两伦的扩大与延伸。君臣一伦，是父子一伦的扩大和延伸；朋友一伦，是昆弟一伦的扩大和延伸。父是一家之长，也就是一家之君，《易传》就说："家人有严君焉，父母之谓也。"父，是"家君"。"家君"称号，在中国社会历史上使用了很久。

先秦讲五伦关系，讲的是相互的关系，君臣、父子、夫妇、兄弟、朋友双方要共同遵守的准则，如孟子所说"父子有亲，君臣有义，夫妇有别，长幼有序，朋友有信"。亲、义、别、序、信，双方都要遵守，即使双方的义务有了不同的准则，但准则中仍是相互平等的关系，没有不平等的含义，如《大学》所说："为人君止于仁，为人臣止于敬，为人子止于孝，为人父止于慈，与国人交止于信。"仁与敬，孝和慈，差别不大。《礼记·礼运》："何谓人义？父慈子孝，兄良弟弟，夫义妇听，长惠幼顺，君仁臣忠，十者谓之人义。"《左传》昭公二十六年："君令臣共，父慈子孝，兄爱弟敬，夫和妻柔，姑慈妇听。"双方的义务，大体也仍是对等的。

先秦时代，"忠"字的意思比较广泛。它是对人对事的一种道德规范。以《论语》为例：

曾子曰："吾日三省吾身，为人谋而不忠乎？与朋友交而不信乎？传不习乎？"（《学而》）

子曰："君子不重则不威，学则不固。主忠信，无友

不如己者，过则勿惮改。”（同上）

季康子问：“使民敬忠以劝，如之何？”子曰：“临之以庄则敬，孝慈则忠，孝善而教不能则劝。”（同上）

子曰：“事君尽礼，人以为谄也。”（《八佾》）

定公问：“君使臣，臣事君，如之何？”孔子对曰：“君使臣以礼，臣事君以忠。”（同上）

子曰：“参乎？吾道一以贯之。”曾子曰：“唯。”子出，门人问曰：“何谓也？”曾子曰：“夫子之道，忠恕而已矣。”（《里仁》）

子曰：“十室之邑，必有忠信如丘者焉，不如丘之好学也。”（《雍也》）

子以四教：文、行、忠、信。（《述而》）

子张问政，子曰：“居之无倦，行之以忠。”（《颜渊》）

樊迟问仁，子曰：“居处恭，执事敬，与人忠，虽之夷狄，不可弃也。”（《子路》）

子曰：“爱之，能勿劳乎？忠焉，能勿诲乎？”（《宪问》）

就以君臣关系说，须得“君使臣以礼”，才能换得“臣事君以忠”。如果“事君尽礼”，人还会“以为谄也”。事君尽礼，就是处处事君以礼（样子像是很忠于君），还会被人认为是谄。

战国时期，君臣关系平等的思想更有发展。君使臣以礼，臣才会事君以忠。如果君使臣不以礼，臣对君就可以不忠。孟子与齐宣王有这样一段对话：

> 齐宣王问卿，孟子曰："王何卿之问也？"王曰："卿不同乎？"曰："不同。有贵戚之卿，有异姓之卿。"王曰："请问贵戚之卿。"曰："君有大过则谏，反复之而不听，则易位。"王勃然变乎色。曰："王勿异也。王问臣，臣不敢不以正对。"王色定。然后请问异姓之卿。曰："君有过则谏，反复之而不听则去。"（《孟子·万章下》）

战国时期是民主思想最强烈的时期，孟子又是战国时期民主思想最强烈的代表人物。他曾宣称"民为贵，社稷次之，君为轻"。他曾对齐宣王说："君之视臣如手足，则臣视君如腹心；君之视臣如犬马，则臣视君如国人（犹言路人）；君之视臣如土芥，则臣视君如寇雠。"（《孟子·离娄下》）一来一往，关系是对等的。君对臣好，臣就对君好，君对臣坏，臣就对君坏。君视臣如土芥，臣就视君如寇仇。

春秋战国或者可以加上西周，人与人的关系，社会上主要的五种人与人的关系，即君臣、父子、夫妇、兄弟、朋友五种关系，大体就是如上所述的五种相对关系。关系是相互的，基本上是以和为主的。依周代宗法制度，全族有听于宗子的义务，尊敬宗子。《礼记·内则》："適（嫡）子、庶子、祗事宗子、宗妇。"宗子对宗族有收宗的义务。《管子·问》："问乡之贫人何族之别也？问宗子之收昆弟者以贫从昆弟者几何家？"宗子和宗族成员的关系也是相互的。中国历史上，历代都有大家族制度存在。这些大家族的存在，自然各代有各代的条件，但宗法制度是它们共同的总根和基础。

五伦中关系的不平等，所谓君为臣纲，父为子纲，夫为妻纲，是后代的变化。

"君为臣纲，父为子纲，夫为妻纲"，这是中国历史上的所谓"三纲"。这种说法，始于汉代。秦汉大一统，君权突出出来。统一的是秦，秦自商鞅变法，采用法家思想，尊崇君权。说也奇怪，秦汉以后儒家的正统思想"三纲"，却是法家先有的。《韩非子·忠孝》篇说："臣事君，子事父，妻事夫，三者顺则天下治，三者逆则天下乱，此天下之常道也。"（此篇是否韩非的著作，难以考定，要之为法家作品。参见张岱年教授：《中国伦理思想研究》，156页，上海人民出版社，1989）

首先提出“三纲”这一名称的是汉董仲舒。他的著作《春秋繁露·深察名号》篇说：

循三纲五纪，通八端之理，忠信而博爱，敦厚而好礼，乃可谓善。

《春秋繁露·基义》篇说：

君臣、父子、夫妇之义，皆取诸阴阳之道。君为阳，臣为阴；父为阳，子为阴；夫为阳，妻为阴。……王道之三纲，可求于天。

天道之阴阳是有主从的。阳为主，阴为从，君、父、夫为阳，臣、子、妻为阴。君臣、父子、夫妻的关系中，已于先秦相互的关系外渗入不平等的因素。

《白虎通义·三纲六纪》论述“三纲”说：

三纲者，何谓也？谓君臣、父子、夫妇也。……故《含文嘉》曰：君为臣纲，父为子纲，夫为妻纲。……纲者，张也。人皆怀五常之性，有亲爱之心，是以纲纪为化，若罗网之有纪纲而万目张也。

《白虎通义》是东汉章帝时儒家经义的一次总结。《白虎通义》讲三纲，这三纲才正规成为儒家教义。三纲成为臣民的精神枷锁，君、父、夫居主导地位，臣、子、妻居于服从地位，从此确立起来。

宋明以后，君权发展为专制主义，三纲的内涵也有变化，出现了臣对君、子对父、妻对夫必须绝对服从的思想。

在宋代理学家思想里“天下无不是的父母”，为人子者：“尽事亲之道，其为子职，不见父母之非而已。”世上所以发生“臣弑其君，子弑其父者，常始于见其有不是之处耳”。（见朱熹《孟子集注·离娄上》“舜尽事亲之道而瞽瞍底豫。瞽瞍底豫而天下化，瞽瞍底豫而天下之为父子者定。此之谓大孝”的注）从此君臣、父子、夫妇才成为绝对不平等的关系。君、父有不是处，都不要看。天下所以发生子杀其父，臣杀其君，都是由于臣、子看到君、父的不是处。所以君、父有不是处，为人臣、子者不要看，不能看。臣、子不要看君、父的不是处，就是要闭起眼来绝对服从！

三、大一统思想

夏商周三代，大约正在由部落向早期王国过渡，最多是个早期王国，还说不上后世所理解的统一王国。古代传说和文献把夏商周从部落时代区别出来，除了禹传子家天下之外，还是有些意义的，意义在于夏商周都已是许多部落的共主。这以前，部落还是互不相属。传说："禹合诸侯于涂山，执玉帛者万国。"（《左传》哀公七年）武王伐纣，"诸侯不期而会盟津者，八百诸侯"（《史记·周本纪》）。夏、周大约是他们拥戴的共主。但，他们仍都是独立的邦国。周武王伐纣，称同盟各邦首领为"友邦冢君"（《尚书·牧誓》）。是友邦，不是"属邦"。周公东征武庚，仍称各诸侯为"友邦君"（《尚书·大诰》）。

夏尚在传说时期，共主和各邦关系不得而知。商对外有征服。卜辞里有"征舌方""征犬方"的记录。商没有封邦建国，封邦建国自周开始。周灭商后，大举"封建亲戚，以蕃屏周"（《左传》僖公二十四年）。"立七十七国，姬姓国独居五十三人。"（《荀子·儒效篇》）殷商时期，共主和各邦国的关系是拥戴的关系、征服的关系，周时多了一个分封。分封，就向统一走近了一步。

商人信天，信天命，还没有“天下”意识。周人始有“天下”意识。《周书》《易》《左传》《礼记》《论语》都有“天下”的记载，“天下”的意识逐渐普遍。

周人所能想象的天下，大约就是当时的文明世界，包括周王和诸侯国的国和野。天下是大于诸侯国家的一个领域。春秋战国时代的天下，实体的味道渐浓。《大学》所说修身、齐家、治国、平天下的“天下”，已是大于国家居国家之上的实体了，孟子“天下定于一”已是大一统，天下一统。诸侯国间的战争、兼并，使人产生了“定于一”的思想和希望。

中国古代的大一统思想，不仅是政治上的统一，还包括文化的统一。以血缘关系为基础的家族或宗族，骨子里有一种排外感情。“鬼神非我族类，不歆其祀。”（《左传》僖公三十二年）“史佚之志有之，曰：非我族类，其心必异。”（《左传》成公四年）这都是血缘关系的排斥异族的思想意识。不是同血缘祖先，都不食他的祭祀。族类不同，心也必不一样。但族与族之间，也有一种联合为一体，融汇为一家的因素。氏族与氏族，部落与部落是可以联合的，夷狄、华夏也是可以融为一体的。诸多氏族联合而为部落，诸多部落联合而为部落联盟，这在古代是常见的。

华夏民族，即后来的汉民族，就是一个多源的民族融合体。截止到春秋时期，民族的差异大体已比较鲜明。华夏族居住在中原地区，以现在的河南为中心向四面伸延的地区，东有夷，西有戎，北有狄，南有蛮。各个地区都有民族混杂居住的情况。中原华夏族居住的地区尤其如此。西自陇，东至伊、洛，都有戎人居住。“及平王之末，周遂陵迟，戎逼诸夏。自陇山以东，及乎伊、洛，往往有戎。”（《后汉书·西羌列传》）齐鲁之间，多有夷人。“任、宿、须句、颛臾，风姓也，实司太皞与有济之祀，以服事诸夏。”（《左传》僖公二十一年）

春秋时期，在华人眼里，区分民族的似乎已不是血缘关系而是文化关系。你是华人，如果你接受了夷人的风俗习惯，你就是夷人了。一个夷人，如果他接受华夏文化，风俗习惯同于华人，他就不是蛮夷了。这种胸怀，有助于民族融合。春秋时期已出现“四海之内皆兄弟也”（《论语·颜渊》）四海一家的思想。

春秋以来，是民族大融合时期。这些戎、夷、狄、蛮，文化水平高低不一，接触华夏族，和华夏人通婚，参与华夏人的盟会，逐渐华化。秦始皇统一后，三十六郡之内大体已无民族区分。秦的统一，不仅是政治的统一，也是文化的统一，民族的统一。

秦始皇灭六国，出现真正大一统的帝国。秦始皇很以大一统自豪。他的臣下歌颂他说：

> 昔者，五帝地方千里，其外侯服夷服，诸侯或朝或否，天子不能制。今陛下兴义兵，诛残贼，平定天下，海内为郡县，法令由一统，自上古以来未尝有，五帝所不及。（**《史记·秦始皇本纪》**）

这不是吹牛，这是写实。秦的统一是真实的统一，是空前的。

大一统，使宇内和平，干戈不兴，人民安居乐业，享受太平日子。秦始皇琅邪刻石说：

> 皇帝之德，存定四极。诛乱除害，兴利致福。节事以时，诸产繁殖。黔首安宁，不用兵革。六亲相保，终无寇贼。欢欣奉教，尽知法式。六合之内，皇帝之土，西涉流沙，南尽北户，东有东海，北过大夏。人迹所至，无不臣者。……莫不受德，各安其宇。（**同上**）

又说："今皇帝并一海内，以为郡县，天下和平。"（同上）之罘刻石说："禽灭六王，阐并天下，甾害绝息，永偃戎兵。"（同上）这些话，当然有很大的自夸成分。但比起战国，秦统一后，确是天下太平了，人民过上了太平日子。

秦之后，两汉四百年基本上是统一的。有此四百年的统一，居住在此一大体"西涉流沙，南尽北户，东有东海，北过大夏"大帝国内的约五千万人口，大体已泯除了先秦的民族界限，融合为一个大汉民族，过着"一法度衡石丈尺，车同轨，书同文字"（《史记·秦始皇本纪》）的同一个文化系统的生活。

五千万人口，认同一个文化、一个国家，这在两千年前的世界不是一件小事。文化水平不一定高过希腊、罗马，但一个文化圈内有五千万人口，却是当时世界上没有哪个国家可比的。

从此，在中国历史上大一统思想是深入人心的，就是分裂时期，一些割据的国君也都想由自己来统一，不愿意分裂，大有作为的皇帝更不愿一寸国土被人强占。

五胡十六国时期，前秦王苻坚已占有整个北方和长江上游，西域都在他控制之下。但他仍要灭东晋，做一统大帝国的皇帝。起兵南征之前，他对群臣说："吾统承大业，垂二十载。芟夷逋秽，四方略定，惟东南一隅未宾王化。吾每思天下不一，未尝不临食辍铺。”（《晋书·苻坚载记下》）天下不一，饭都吃不下去，这固然是皇帝国君的感情，也是中国大一统思想文化培育下的产物。

隋文帝做了皇帝，又想灭陈，陈的罪名就是“威侮五行，怠弃三正”（《隋书·高祖纪下》）。这是责陈不按天命行事。要灭陈的道理是“天之所覆，无非朕臣；每关听览，有怀伤恻”（同上）。他伐陈，一定会得到天助。上天会“降神先路，协赞军威；以上天之灵，助戡定之力”（同上）。他说他的一统天下，是上天的意旨。他在一个诏书里说：“方今区宇一家，烟火万里，百姓久安，四夷宾服，岂是人功，实乃天意。”（同上）

中国传统文化中的大一统思想，是和四海之内皆兄弟的思想结合在一起的。中国传统文化中还有一种思想是夏可变夷，夷也可以变夏。夏人（汉人）接受夷人的文化生活习惯，就是夷人了；夷人接受夏人的文化，就变成夏人。这是“四海之内皆兄弟也”思想的根源。有大一统思想的，往往也有四海之内皆兄弟的思想。前秦苻坚想灭东晋一统天下，他也有四海之内皆兄弟的思想。他对他弟弟苻融说：“今四海事旷，兆庶未宁，黎元应抚，夷狄应和。方将混六合以一家，同有形于赤子。”（《晋书·苻坚载记上》）这是很大的气魄和抱负。但当时统一的条件不成熟，他失败了。和他有同样思想的唐太宗李世民，却是成功的。《资治通鉴》贞观二十一年载有唐太宗和臣下的一段对话：

> 上（唐太宗）御翠微殿，问侍臣曰：“自古帝王虽平定中夏，不能服戎狄。朕才不逮古人而成功过之。自不谕其故，诸公各率意以实言之。”群臣皆称：“陛下功德如天地，万物不得而名言。”上曰：“不然。朕所以能及此者，止由五事耳。……自古皆贵中华，贱夷狄，朕独爱之如一，故其种落皆依朕如父母。此五者，朕所以成今日之功也。”

总之，中国传统文化中，自古就有天下一家的大一统思想。这种大一统思想往往是和四海之内皆兄弟的思想结合在一起的，即和友爱、和平、中庸思想结合在一起的。

四、中庸之道

儒家思想中的中庸之道，是中国传统文化的精华。我的理解，中庸之道中至少有两点是非常突出的，一是不偏不倚，无过不及；二是和，和为贵。天人之间要和，人间要和。

《中庸》："仲尼曰：'君子中庸，小人反中庸。君子之中庸也，君子而时中；小人之［反］中庸也，小人而无忌惮也。'"

又说："子曰：'道之不行也，我知之矣，知者过之，愚者不及也；道之不明也，我知之矣，贤者过之，不肖者不及也。'"

这两段话，都在说中庸之道在执中，不偏不倚，无过无不及。君子之道是中庸的，君子有君子之德，而又能随时处中，不偏不倚，不走极端；小人之道是反中庸的。"无忌惮"就是走极端。孔子说：中庸之道为什么得不到实行？原因在智者、愚者都不能执中，智者过之，愚者不及。过之、不及，都是偏，过犹不及。过和不及，是一样的。

用现在的话来说，中庸之道就是正确的道路，不偏不倚，不左不右。防左防右，反左反右，都是为了找出正确的道路。正确的道路，在不偏不倚，在中，在时中。反思中国近代历史，中庸之道太有深意了。

《中庸》："喜怒哀乐之未发，谓之中；发而皆中节，谓之和。中也者，天下之大本也；和也者，天下之达道也。"

这是讲的中庸之道的和。喜怒哀乐发而皆中节，皆中节，是发得恰到好处。喜，不狂喜，不该喜而不喜；怒，不狂怒，不怒得发疯，不该怒而不怒。哀、乐亦如此，这叫作中节。中节仍是不偏不倚，不走极端。能这样，就是和，就是“致中和”。人能行中庸之道，致中和，则“天地位焉，万物育焉”。紫气东来，风调雨顺，万事祥和如意，万物生长不息。

中庸之道，是儒家自孔子始的理想人道。儒家修身、齐家、治国、平天下，大同世界、仁、礼、忠恕、孝悌等整体思想，都是中庸之道，儒家没有极端思想，儒家整体思想都是不偏不倚的，都是无过、无不及的。孟子说：“仲尼不为已甚者。”（《孟子·离娄》）不为已甚，就是不过激，就是中庸之道。

儒家讲人伦关系，无论是说“父子有亲，君臣有义，夫妇有别，长幼有序，朋友有信”，还是说“父慈子孝，兄良弟弟，夫义妇听，长惠幼顺，君仁臣忠”，要之其精神皆在中和，友爱相亲，不是相仇、相敌对。

孔子对曾子说：“吾道一以贯之。”何谓“一以贯之”？曾子的理解是“夫子之道忠恕而已矣”。朱熹的解释是，“尽己之谓忠，推己之谓恕”（《论语·里仁集注》）。对人对事，都要尽己，尽自己力所能及地来做。曾子说：“吾日三省吾身，为人谋而不忠乎？与朋友交而不信乎？传不习乎？”（《论语·学而》）为人谋要尽己之力，不尽力就是不忠。定公问孔子：“君使臣，臣事君，如之何？”孔子对说：“君使臣以礼，臣事君以忠。”（《论语·八佾》）君能使臣以礼，臣就当尽己力以事君。这是尽己为忠。“己欲立而立人，己欲达而达人。”（《论语·雍也》）“子贡问曰：‘有一言可以终身行之者乎？’子曰：‘其恕乎！己所不欲，勿施于人。’”（《论语·卫灵公》）这是推己及人，这是恕。忠恕之道，也是以和为贵。能尽己为人，推己及人，这社会就不会有不平，就不会有仇恨。

孔孟都是讲“仁”的，讲仁政的。对于仁的解说很多。冯友兰先生认为“仁为孔子一贯之道，中心之学说。故《论语》中亦常以仁为人之全德的代名词”。（冯友兰：《中国哲学史》上册，100—101页，中华书局，1961）故孔子常以仁统摄孝、忠、智、礼、信等种德。（同上书，101—102页）冯先生的意见有道理，仁是孔子的中心思想，仁包括诸种德。仁也正是忠恕。

仁者爱人。仁政，简单地说就是爱人之政。孟子谈仁政最多。他要梁惠王“施仁政于民”（《孟子·梁惠王》）。他对公孙丑说：“行仁政而王，莫之能御也”，“万乘之国行仁政，民之悦之，犹解倒悬也”（同上）。他说：“三代之得天下也以仁，其失天下也以不仁。国之所以废兴存亡者亦

然。”（《孟子·离娄》）

仁政的理想，仍是使民和乐安定，不走极端。孔子说：“丘也闻有国有家者，不患寡而患不均，不患贫而患不安。盖均无贫，和无寡，安无倾。”（《论语·季氏》）

儒家讲礼。礼有两种作用：一是促不及，二是限过激。有子说：“礼之用，和为贵。先王之道，斯为美。小大由之。有所不行，知和而和，不以礼节之，亦不可行也。”（《论语·学而》）以礼节之，就是限制过激。“颜渊问仁，子曰：‘克己复礼为仁。’”颜渊请问其目（详细节目），子曰：“非礼勿视，非礼勿听，非礼勿言，非礼勿动。”（《论语·颜渊》）克制自己使归于礼，非礼勿视、勿听、勿言、勿动，这都是限制。限制非礼，使归于礼。礼，和为贵。仲弓问仁，孔子说：“出门如见大宾，使民如承大祭。己所不欲，勿施于人。在邦无怨，在家无怨。”（同上）

礼、仁，都是要和为贵，在邦无怨，在家无怨。无怨，就是和。

所以，儒家的全部思想，忠、孝、仁、爱、信、义、礼等，都可以归之于中庸之道。中庸的精髓，就是不过激，不不及，平庸、和平。修身、齐家、治国、平天下，都走中庸道路。这是中国传统文化的精华。

第四讲　中国的城市复兴和文艺复兴

欧洲所谓的文艺复兴，是在15世纪开始的，一般把意大利但丁的《神曲》作为文艺复兴开始的标志。16世纪，文艺复兴就在欧洲各地开展起来。

欧洲文艺复兴，是指复兴古代希腊文明。19世纪到20世纪初的西方史学家认为，中世纪是欧洲的黑暗时代（Dark Age）。复兴，就是越过中世纪，复兴希腊、罗马的古代文明。

14—15世纪，欧洲城市逐渐兴起。城市是产生文明、文化的摇篮。随着城市和城市经济的兴起，人们离开范围狭小的农村，走向远地经商。见识多了，用脑力多了，从中产生智慧。回头看看，看到中世纪也看到古代，于是产生了对古代文明的羡慕和景仰，于是产生了对中世纪黑暗时代的认识，于是产生了恢复古代文明的要求，于是而有文艺复兴。

中国同样有中国的古代，中国的中世纪，有中国的城市复兴和中国的文艺复兴。听起来我讲的可能有点别扭，有点异端味道。

一、城市复兴

汉魏之际以前，中国的城市经济是发达的，中国的古代文化也发展到一个很高的水平。战国时代的百家争鸣，就是中国古代文化发展的顶峰。

中国的城市经济发展，可以说从春秋时期开始。这时期城市交换经济已渐渐活跃起来。山东半岛上的齐国，纺织业、渔盐业最先兴起，各地人都到齐地来做贸易。出现“人物归之，繦至而辐辏。故齐冠带衣履天下，海岱之间敛袂而往朝”的盛状。（《史记·货殖列传》）陶，地居“天下之中”，是“诸侯四通，货物所交易”的地方。陶朱公在这里十九年之中，“三致千金”（同上）。战国、秦、汉，城市交换经济更加发达繁荣。春秋时期，“城虽大，无过三百丈者；人虽众，无过三千家者”，而战国时期，“千丈之城，万家之邑相望也”（《战国策·赵策三》记赵奢的话）。齐国的都邑“临淄之中七万户”（《战国策·齐策一》）。一户以五口计，临淄城有三十五万人口。临淄居民，“无不吹竽鼓瑟，击筑弹琴，斗鸡走狗，六博踏踘者”。临淄之途“车毂击，人臂摩，连衽成帷，举袂成幕，挥汗成雨”（同上）。这虽是策士们的话，不免夸大，但亦可见临淄城的热闹繁华。西汉武帝时期，临淄已发展为有十万户的大城市，仍以户五口计，临淄在西汉有五十万人口。

司马迁在《史记·货殖列传》里写了各地的大小城市。他以“一都会也”指名出来的大都会有：邯郸、燕、临淄、陶、睢阳、吴、寿春、番禺、宛等地。比这些大城市小的中等城市、小城市，他也指出许多。每一个城市都是一个地区的货物集散中心。各地区的货物通过商人之手运到这里来，也通过商人之手运到各地去。《盐铁论》论述西汉后期的城市经济说：“燕之涿、蓟，赵之邯郸，魏之温、轵，韩之荥阳，齐之临淄，楚之宛丘，郑之阳翟，三川之二周，富冠海内，皆为天下名都。”（《盐铁论·通有篇》）“自京师东西南北，历山川，经郡国，诸殷富大都，无非街衢五通，商贾之所臻，万物之所殖者。”（《盐铁论·力耕篇》）农村人口受商业兼并，大量离开农村而流亡，大部分集中在都市。汉元帝时的贡禹说农民“弃本逐末，耕者不能半。贫民虽赐之田，犹贱卖以贾”。何以至此呢？他说：“末利深而惑于钱也。”（《汉书·贡禹传》）东汉城市经济发展所吸引的人口更多了。东汉中期的王符说：“今察洛阳，资末业者什于农夫，虚伪游手什于末业。……天下百郡千县，市邑万数，类皆如此。”

交易靠五铢钱，五铢钱走遍天下皆能使用。还有黄金，金一斤等于一万五铢钱。

东汉末年开始，经过魏晋南北朝到隋、唐中叶，城市交换经济衰歇，城市大部分消失了，起而代之的是自然经济。

董卓之乱后，战国秦汉七百多年间繁荣兴盛的城市经济，遭到极大破坏。洛阳城是“宫室烧尽，街陌荒芜”（《三国志·魏志·董卓传》）。洛阳附近“二百里内，无复孑遗”（《后汉书·董卓传》）。“长安城空四十余日。……二三年间，关中无复行人。”（同上）城市破坏的情况，洛阳、长安只是举个例子。郡国大小城市都是普遍遭到破坏的。当时人说到城市破坏的情况时，总是用“城邑空虚”“名都空而不居”来描述。

人口大量减少，土地大量荒芜。仲长统说：“以及今日，名都空而不居，百里绝而无民者不可胜数。”（《昌言·理乱篇》，见《三国志》本传）朱治说：“中国萧条，或百里无烟。城邑空虚，道殣相望。”（《三国志·吴志·朱治传》）直到魏明帝时，卫觊上疏还说：“当今千里无烟，遗民困

苦。”（《三国志·魏志·卫觊传》）

西汉的编户齐民，大体在5000万左右。蜀亡时，户口数是：28万户，94万口，将士10.2万人，吏4万人，加上魏共有633423户，4432881口。吴亡时，户口数是52.3万户，230万口，吏3.2万人，兵23万人。把这两个不同时代（魏蜀的户口统计是263年的，吴的户口统计是280年的）的人口数字加起来，三国时的人口大约是：1186423户，6732881口。比起汉代的户口来，大体是1／10到1／9。魏明帝时，大臣们说起当时户口比起汉时户口时，都是说“不如往昔一州之地”，或“比汉文景时，不过一大郡”，或“至于民数不过汉时一大郡”，或“天下户口减耗，十裁一在”，等等。

人口少，土地荒，城市衰落，繁荣的交换经济又回返为呆板停滞的自然经济。交换虽然没有完全绝迹，但金属货币用不着了。交易用布帛代替了铜钱。物有贵贱，布帛被撕成一条条的。布代替钱，布仍是起的货币作用，不是以物易物。但用布不用钱，却反映交换经济不发达，城市经济的破坏。

这种自然经济形态，大体上延续到唐中叶。整个魏晋南北朝时期，是自然经济占优势的时期。交换时以布帛为媒介，一直延续到唐中叶玄宗开元、天宝时代。

开元、天宝之后，城市经济才又真正地、持续地有起色，称得起交换经济、城市经济复兴。宋代的开封、临安又是繁荣的大城市了。

宋代城市交换发展，已有相当水平。据宋史名家漆侠教授估计，宋代城市集中了大量人口。东京开封“养甲兵数十万，居人百万”，人口在百万以上。临安是“江商海贾”汇集之地，人口也在百万以上。建康、扬州、成都、长沙都是熙熙攘攘人口密集的万户到10万户的城市。全国州军有351，州城人口总计约42万户。全国县城1000多个，估计总计人口为71万户。全国镇市1800个，估计总人口66万户。加上开封、临安、建康等大城市，宋代城市人口当在200万户以上。约占当时全国总人口1600万户的12%以上。（《宋代经济史》下册，932—933页）1600万户是北宋神宗元丰年间的数字，户以5口计，全国总人口为8000万以上，比两汉时人口大有增加。城市产生文明。唐宋和以后的时期，随着城市经济的复兴，文艺也在复兴。人文思想逐步代替了宗教。现世、现实，代替了来世、出家。如果说农村、农民出皇帝，城市、市民就出民主，出思想，出学问。

二、文艺复兴

在我看来，唐代的韩愈、李翱、柳宗元、刘禹锡，宋代的陈亮、叶适及至程、朱，在中国思想文化史的大流中，都属于人文主义者。他们都从宗教中杀出来，有中国文艺复兴的味道，应在中国的文艺复兴史上占有一定的地位。程、朱的道学理学在思想史上如何评价，我不去讨论，在社会史上、文化史上，他们应该说是由宗教思想走向人文主义时代的启蒙人物。

宋代和以后，小说发展起来。《水浒传》《三国演义》等都应时而生。这些都是从宋代的“话本”演化发展出来的。话本的来源又可推到唐代“变文”。小说、话本，都是城市的产物。城市人闲来无事，便汇聚街头闲聊。在这些汇聚闲聊的人群中，逐渐产生了谈古论今的，逐渐有了专门谈古论今的“说话人”，逐渐产生了《五代史平话》《宣和遗事》之类的文学作品。在这些作品的基础上，产生了《水浒传》《三国演义》等著名文学作品。推其源，都是城市文学，市民文学。城市复兴带动起来中国的文艺复兴。

南宋陈亮、叶适的思想，特别反映了市民的思想意识。陈亮重视商，在《四弊》一文中说：“商藉农而立，农赖商而行，求以相补，而非求以相病。”（《龙川文集》卷一一）他把官民商农四者并列，在《送丘秀州宗卿序》一文中，他说四者应“各力其力以业其业。休戚相同，有无相通”。这和中国传统以农为本，以商为末，主张重农抑商的思想是相反的。这是重商思想。叶适和陈亮一样，都是农商并重者。他说：“四民交致其用而后治化兴。抑末厚本，非正论也。”（《习学记言·序目》卷一七）他为商人辩护说：“富人者，州县之本，上下之所赖也。富人为天子养小民，又供上用，虽厚取赢以自封殖，计其勤劳亦略相当矣。”（《习学记言·民事下》，《水心别集》卷二）他还说：“命令之设，所以为民，非为君也。”这里有朴素的民主思想倾向。这思想，一方面是古代民本思想的复兴，一方面又是他当时市民意识的表现。

陈亮、叶适的思想，可说是最早期的启蒙思想。中国的启蒙运动是个长期过程。唐代的文起八代之衰，南宋的市民思想，都可以被看作是中国启蒙运动的开始，一直到五四运动，仍是启蒙时期。中国的文艺复兴和启蒙运动，都是城市经济的产物，并不是资本主义的产物。欧洲中世纪封建社会后期的城市经济，并非一开始就是资本主义经济。城市经济的兴起到资本主义出现，有一个发展过程。中国更是如此。中国城市经济复兴得早（唐宋），而资本主义萌芽出现又晚（明清），文艺复兴拉开时间就长了。中国的文艺复兴和启蒙运动，发生虽早，运动却只在城市中游动，未能在农村发展。启蒙运动，如灯光在城市闪闪，而农村却仍是一片黑暗。元明时期，小说和民间文学有发展，但也仅如此而已。

明末清初的思想家，反封建、反君主专制的民主思想就比较突出了。明清之际的思想家黄宗羲、王夫之、顾炎武都有反封建的意识，而黄宗羲反君主专制的思想更是非常鲜明的。他的《原君》，揭露君主的罪恶痛快淋漓。他说：

> 凡天下之无地而得安宁者，为君也。是以其未得之也，屠毒天下之肝脑，离散天下之子女，以博我一人之产业，曾不惨然，曰：我固为子孙创业也。其既得之也，敲剥天下之骨髓，离散天下之子女，以奉我一人之淫乐，视为当然，曰：此我产业之花息也。然则为天下之大害者，君而已矣！向使无君，人各得自私也。……而小儒规规焉，以君民之义无所逃于天地之间……视兆人万姓崩溃之血肉，曾不异夫腐鼠，岂天地之大，于兆人万姓之中，独私其一人一姓乎！（见《明夷待访录》）

这简直是一篇近代市民反封建君主的民主宣言。这是近代市民的觉醒书，这是中国早期启蒙运动的大文章。其反击的激烈程度，只有古代孟子的“闻诛一夫纣矣，未闻弑其君”“民为贵，社稷次之，君为轻”可比。但孟子的话，是古代民主思想的反映，是原始氏族成员权力的回光返照。黄宗羲的思想则是近代民主思想的先驱。

明中叶以后，江南地区贫富分化严重，而富者多由末业起家。这是新事物，资本主义萌芽也逐渐显露。顾炎武《天下郡国利病书》引《歙县风土论》说：

> 寻至正德末、嘉靖初，……商贾既多，土田不重。操赀交接，起落不常。能者方成，拙者乃毁。东家已富，西家自贫。……迨至嘉靖末、隆庆间……末富居多，本富益少。富者愈富，贫者愈贫。……贸易纷纭，诛求刻核。……迄今三十余年（约当万历三十年左右），……富者万人而一，贫者十人而九。贫者既不多敌富者，少反可以制多。金令司天，钱神卓地。

这里所说的“末富居多，本富益少”“金令司天，钱神卓地”，已多少有点资本的味道。而《吴江县志》（卷三八）所载，则确实是资本主义萌芽的味道了。《志》说：

> 至明熙宣（洪熙、宣德）间，邑民始渐事机丝，犹往往雇郡人织挽。成弘（成化、弘治）以后，土人亦有精其业者，相沿成俗。于是……居民乃尽逐绫绸之利。有力者雇人织挽，贫者皆自织。

一般研究中国经济史者，大多认为中国资本主义萌芽始于此时。

清朝前期，17世纪中叶到18世纪末，是清朝康乾（康熙、乾隆）盛世时代。但物极必反，这以后社会的矛盾、腐败也渐渐出现了。先进的思想家已意识到：风雨要来，天下要变了。

察觉这形势的思想家有龚自珍和魏源等。这时代，正是鸦片战争前后。

龚自珍（1792—1841），对当时政治的腐败、社会的黑暗、专制主义对人的自尊心的折辱，都做了揭露和批判。如他说：

> 贫者日愈倾，富者日愈壅。……至极不祥之气郁于天

地之间，……郁之久乃必发为兵燧，为疫疠，生民噍类，靡有孑遗。……其始不过贫富不相齐之为之尔。小不相齐，渐至大不相齐，大不相齐，即至丧天下。（《龚定庵全集》上编《平均篇》，上海，国学整理社，1935）

又说：

今百姓日不足，以累圣天子愁然之忧，非金乎？币之金与刃之金同，不十年其惧或烦兵事。（同上书《乙丙之际箸议第一》）

他论说专制折辱人，说：

昔者霸天下之氏，……未尝不仇天下之士。去人之廉，以快号令；去人之耻，以嵩高其身。一人为刚，万夫为柔。……大都积百年之力，以震荡摧锄天下之廉耻。（同上书《古史钩沉论一》）

专制者意在使天下人民无知无廉耻，奴性地驯服。能如此，他的专制才能长在久安。苦矣人民！苦矣士大夫！

龚自珍论当时形势，以为“不十年其惧或烦兵事”，指的是农民起义。在另外一个地方，他把暴动的农民说成“山中之民”。他已隐约看到“山中之民”会起来。他用神话般的文字，描述京师的步步衰弱，山中之民的步步兴起。最后：

> 朝士寡助失亲，则山中之民一啸百吟，一呻百问疾矣！……其祖宗曰：我无余荣焉，我以汝为殿矣！其山林之神曰：我无余怒焉，我以汝为殿矣！俄焉寂然，灯烛无光，不闻余言，但闻鼾声。夜之漫漫，鹖旦不鸣。则“山中之民”，有大音声起，天地为之钟鼓，神人为之波涛矣！（同上书《尊隐》）

龚自珍认为避免灭亡的道路，只有自己进行改革。自己不改革，自有人会改革。他说：

> 拘一祖之法，惮千夫之议，听其自陊，以俟踵兴者之改图尔！一祖之法无不敝，千夫之议无不靡，与其赠来者以劲改革，孰若自改革？抑思我祖所以兴，岂非“革”前代之败耶？前代所以兴，又非“革”前代之败耶？何莽然其不一姓也！（同上书《乙丙之际箸议第七》）

龚自珍对当时政治社会的认识是深刻的，但他的文字语气比黄宗羲的激愤直言就差多了，他是说给“圣天子”听的。其所以为此，是由于他所处的时代形势和黄宗羲不同。黄的时代，明朝专制皇朝已晃晃然要倒，自顾不暇，专制淫威行将过去，黄宗羲敢于放言畅论君主专制之失。龚自珍生在康乾惨酷文字狱之后，放胆言论，心有余悸，所以龚自珍的文章写得比较隐晦，没有黄宗羲那么露骨激烈。

自秦以来，中国已有多个皇朝。每个皇朝后期，都因腐败黑暗而引起农民暴动把它推倒，另有一家天子起来。龚自珍认识此历史教训，这是他“山中之民”思想的来源。龚自珍的思想仍是中国传统思想文化的自我批判，把希望放在皇朝的改革自救上。他的思想，没有西方思想的影响，也还没有达到孟子、黄宗羲的思想的水平。

但龚自珍对清末维新的思想影响是深刻的。梁启超评价他的影响说：

定庵……于专制政体，疾之滋甚，《集》中屡叹恨焉。（《集》中如《古史钩沉论》《乙丙之际箸议》……等篇，皆颇明民权之议）……语近世思想自由之向导，必数定庵。吾见并世诸贤，其能为现今思想解放光明者，彼最初率崇拜定庵。

又说：

> 龚自珍……喜为要眇之思。……讥切时政，诋排专制。……晚清思想之解放，自珍确与有功焉。光绪间所谓新学家者，大率人人皆经过崇拜龚氏之一时期。初读《定庵文集》，若受电然。（《清代学术概论》）

梁启超对龚自珍的评论一般说是中肯的。龚自珍对封建社会和政治的批判是深刻的，他的思想对后来的维新思想起了启迪和推动作用。但他不如魏源先进、高明。

和龚自珍同时的有魏源，他最早提出“以夷攻夷”和“师夷长技以制夷”的思想。他在《海国图志》序中说：“是书何以作？曰为以夷攻夷而作，为师夷长技以制夷而作。”《海国图志》是为了了解西欧国家的情况而作的。林则徐很想了解西方情况，他曾请人编译《四洲志》。魏源的《海国图志》就采用了《四洲志》的材料，完成了林则徐未完成的事业。魏源“以夷攻夷”“师夷长技以制夷”的思想，一直为后来的洋务派和改良派所遵用。19世纪70年代改良派思想家王韬说魏源“师长一说，实倡先声”，道出了魏源思想的先驱地位。

以上所述，我认为都是近代中国新思潮的思想先驱。从唐代文起八代之衰的韩愈算起，到黄宗羲，到龚自珍、魏源都属于中国文艺复兴和启蒙运动的范围，都是近代中国思想的先驱。

近代中国新思潮，有两个源头，一个是中国的传统文化，另一个是由炮船带来的西方文化。上面所述是近代中国新思潮的一个源头，即中国的传统文化；另一个来源是更重要的源头，即西方的近代文化。西方近代资本主义文化，是比封建文化高一个历史阶段的文化，而近代化正是我们所要学习，所要走的道路。而所谓近代中国新思想，所思考的、所要解决的，正是如何向西方学习和学习什么的问题。

第五讲　近代中国的新思潮——为国家寻找出路

近代中国的新思潮，有一个非常显著突出的特点，就是为国家寻找出路，更特殊的是出路和来侵的敌人有关，是敌人带进来的。

接受资本主义，接受资本主义文化，这是促进中国社会、中国文化向更高处发展的必经之路。这是突破封建经济向资本主义经济发展的必经之路。但中国这条路却是伴随着殖民主义者的大炮轰击一块儿进来的。这就扭曲了中国近代化的路程，为中国的近现代化增加了困难。

中国的先知先觉人士、爱国知识分子，面对的是这种形势：一方面是顽固反动的统治者，保护封建、抗拒西方先进生产和先进文化，一方面是与先进生产、先进文化俱来的炮舰轰击。中国的先进人士要在这种环境中摸索爱国救国的道路。对外来的大炮要抗击，对外来的西方文化又要吸收，要接受。这条路走起来很难。

他们先后摸着走了下面几条路：

（一）接受基督教教义，结合中国的平等、平均传统农民思想，幻想砸碎封建礼教，推翻清皇朝。按照上帝意旨，建设平等、平均的太平天国。

（二）中学为体，西学为用，学习西方炮舰技术来富国强民。

（三）维护清朝皇帝，变法维新，在君主立宪制度下，建设资本主义，进而走向大同世界。

（四）推翻清朝统治，接受西方思想，建立三民主义民主共和国。

（五）拥护德先生（Democracy，民主），拥护赛先生（Science，科学），请德先生、赛先生救中国。

每条道路都形成一代思潮，也都激起中西方文化的冲击和斗争。对他们的思想道路分述如下：

一、平等、平均的太平天国

洪秀全，生于清嘉庆十八年十二月初十日（1814年1月1日），广东花县官禄㘵人。

洪秀全的父亲是务农的，有田数亩，牛两头，泥瓦房数间。洪秀全自幼读书，读了“四书”“五经”儒家经典。受有儒家思想的教育。

洪秀全的家族要他读书，就是希望他能通过科举考试走上仕途。他自己也有这种愿望。他曾多次应考秀才，都落第。仕官之路不通，怀才不遇，才另找出路。

一个偶然的机会，他买到一本宣传基督教义的《劝世良言》。这本书至少有两点对洪秀全的思想是很有影响的：一是皇上帝是唯一的真神，乃系万王之王，万国之主；二是平等思想，在上帝面前，人人平等。《劝世良言》认为“世上万国之人，虽有上下尊卑贵贱之分，但在天上神父之前，万国男女之人，就如其子女一般”。他接受《劝世良言》的思想，创立了拜上帝教。

洪秀全在19世纪40年代中后期左右，在家乡传教，写了四篇文章宣传拜上帝教。四篇文章是：《百正歌》《原道救世歌》《原道醒世训》《原道觉世训》。四篇文章的主要内容是：

（一）“从来正可制邪，自古邪难胜正。”《百正歌》反复说明这个道理。歌中赞扬尧、禹、汤、周、孔丘、刘邦等都是以“正事不正”，以“正化不正”，以“正伐不正”的。他说：“身不正祸因恶积，身能正福禄善庆。贵不正终为人倾轧，富不正终为人兼并。”

《原道救世歌》也在阐述这些思想。他说：“自古杀人杀自己”，“自古救人救自己”，“自古害人害自己”，“积善之家有余庆，积恶之家有余殃”。他指出有六个不正，应加戒除。这六个不正是：淫、忤父母、杀害、盗贼、巫觋、赌博。

从这里，我们看到这个时期儒家思想在洪秀全思想中的地位，他赞扬孔子，赞扬中国传统文化，把中国传统文化中的道德规范和基督教的教义结合起来，构成拜上帝教的教义。（参见苏双碧：《洪秀全传》，大地出版社，1989）

（二）平等思想。在《原道救世歌》里，他提出：“普天之下皆兄弟，灵魂同是自天来，上帝视之皆赤子。”普天之下皆兄弟的思想，来自儒家，《论语·颜渊篇》子夏曰：“四海之内皆兄弟也。”“灵魂同是自天来”，来自基督教。普天之下皆兄弟的思想，基督教传教士也常常引用的。《劝世良言》中就有“故世界之上，四海之内皆兄弟一般”。

在《原道醒世训》里，洪秀全已显示了他反对人与人之间的欺压和仇恨。他说，同是一国：

以此省此府此县而憎彼省彼府彼县，以彼府彼县而憎此省此府此县者有之。更甚至同省府县，以此乡此里此姓而憎彼乡彼里彼姓，以彼乡彼里彼姓而憎此乡此里此姓者有之。

此种思想的伸延，自然对国与国之间的侵略夺取也是反对的。洪秀全就曾指出“以此国而憎彼国，以彼国而憎此国者有之”。他指出这种思想、行为是和拜上帝教的教义不相符合的。他说：

天下凡间，分言之则有万国，统言之则实一家。皇上帝，天下凡间大共之父也。……何得存此疆彼界之私，何可起尔吞吾并之念。

他写这篇文章的时间，正是鸦片战争之后，一部分中国人民正在觉醒。洪秀全思想里，自然会对殖民主义国家对中国的侵略产生不满。

（三）平均思想。洪秀全的平均思想和平等思想一样也有两个来源，一是中国传统文化中的平均思想。如孔子所说的“不患寡而患不均，不患贫而患不安”（《论语·季氏》）。二是基督教的教义。他在《原道醒世训》里说：

天下多男人，尽是兄弟之辈；天下多女子，尽是姊妹之群。何得存此疆彼界之私？何可起尔吞吾并之念？是故孔丘曰：大道之行也，天下为公。选贤与能，讲信修睦。故人不独亲其亲，不独子其子。使老有所终，壮有所用，幼有所长，鳏寡孤独废疾者，皆有所养。男有分，女有归。货恶其弃于地也，不必藏于己；力恶其不出于身也，不必为己。是故谋闭而不兴，盗窃乱贼而不作，故外户而不闭。是谓大同。

洪秀全这段话，说明他的平等、平均思想，都是结合中国传统文化思想和基督教教义而形成的。

平等、平均思想是洪秀全早期就有的思想，而且是洪秀全主要的思想。洪秀全虽然接受了儒家“大道之行也，天下为公”和“四海之内皆兄弟也”那一套思想，但那只是远大的理想，离实行还很远。它在人的思想意识中起教化作用而已。平等、平均思想，却见诸实行而起了很大作用。封建社会是一个不平等、不平均的社会。人与人不平等，有的是穷人，有的是官吏、是大地主。他们欺压老百姓，贪污腐败，过着豪华奢侈的生活；老百姓过着牛马不如的悲惨生活。提出人人都平等，自然会取得人民的拥护。特别男女平等，更得到妇女的支持。太平天国提出男人都是兄弟，女子都是姊妹；天下婚姻不论财；凡分田，按人口，不论男女；太平军中有男营、女营，男女都可做官；科举取士，男女都可赴考；禁止娼妓；反对缠足。所有这些，都是女子的解放，取得了女子的拥护。生活上的平均主义，更得到广大贫苦农民的拥护。

太平军还有一种公库制度。金田起义之前，拜上帝教就规定，凡是信仰拜上帝教的人都必须“将田产屋宇变卖，易为现金，而将一切所有交纳于公库，全体衣食俱由公款开支，一律平均”（韩山文：《太平天国起义记》，见《太平天国》第6册）。这种制度在定都南京前，是基本上实行了的，而且纪律很严，规定凡在作战中缴获的“金银绸帛宝物等项，不得私藏，尽交归天朝圣库”，否则“一经查出，斩首示众”。

研究太平天国历史的人说，洪秀全家乡一带穷人阶层中早有此风俗习惯。太平天国的公库制，和这风俗习惯有关。

这是一种消费共产主义思想。自古以来，贫苦农民，小手工业者，游民无产者的组织，多有这种思想。先秦的墨家组织，有此思想。历代农民暴动、农民战争，也多有平等、平均的思想。北宋王小波就提出“吾疾贫富不均，今为汝均之”（《隆平集·王小波传》）。两宋之际的杨幺也提出“等贵贱，均贫富”（《三朝北盟会编》卷一三七）。早期基督教教会也有消费共产主义思想。《新约圣经·使徒行传》：

> 那许多信的人，都是一心一意的，没有一人说他的东西有一样是自己的，都是大家公用。内中也没有一个缺乏的。因为人人将田产房屋都卖了，把所卖的价银拿来，放在使徒脚前，照各人所需用的，分给各人。（第四章之《信徒财物不分彼此》）

太平军的公库或圣库制度的思想来源，可能受有地方风俗、中国历史和《圣经》三方面的影响。

和平等、平均有关的还有《天朝田亩制度》。它对社会组织以及生产、分配、福利都有明确的规定。它既有《劝世良言》的思想，也有中国传统文化中“大同”世界的理想。它反映了农民小生产者的希望和理想。但太平天国对平等、平均都没有认真实行过。

农民小生产者的平均思想，并不是彻底的平均，甚至不是真实的平均。农民小生产者的平均，是均别人的，不是均自己的。农民小生产者一般是生活不富裕的，多数情况下是艰难的，困苦的。当他手中是无的时候，他希望能把别人的东西均过来，但他决不愿把他已到手的再拿出去分给别人。这种小私有的自私性，是农民小生产者的劣根性。这种自私性加上穷困，往往就包含着“贪”和占小便宜的因素。一朝权在手，就容易腐败堕落。

太平军进南京不久，太平天国的领袖们便开始腐化起来。洪秀全先营造起富丽堂皇的宫殿，有几十个老婆。又为各王造建王府。按照“太平礼制”的规定等级来安排他们的生活享受和特权。洪秀全深居天王府，连当年一块儿起事同生死共患难的杨秀清、韦昌辉、石达开，都不能随意进入天王府，和当年都是兄弟姊妹的人也拉开了等级距离。天王对天王府里的女官都随意打骂。农民小生产者出身的太平天国领袖们，很快就封建等级化了，腐化了。

综合起来看，在洪秀全的思想里，中国传统文化的影响和西方资本主义世界的以及原始基督教的影响都有。中国传统文化特别是儒学的影响很深，比较起来西学倒是有点皮毛的味道。而这些皮毛味道的东西，除了上帝以外，也没有给洪秀全和太平天国起主导作用的新东西。但通过《劝世良言》等却给洪秀全以接受西方新思想、资本主义的思想基础。太平天国后期，洪秀全的族弟洪仁玕从香港来到天京。此人在香港多年，受有资本主义教育。他向洪秀全提出《资政新篇》。这是一个宏伟的发展资本主义计划。洪秀全认真审阅了这个计划，并且绝大部分接受并批准了这个计划，但为时已晚。由于内部分裂屠杀和腐败，革命已走下坡路，洪秀全是毫无条件实施这个计划了，但它反映太平天国在思想上是接受资本主义并愿意实行资本主义的。

历史上有一条极重要的经验教训是：一个落后的民族进入物产丰盛、繁荣豪华的先进民族地区如汉民族地区，或者朴实纯厚的农民进入城市，掌握了政权，极容易因生活享受的改变而很快腐化腐败。太平天国就是一个例子。太平天国初期，平等、平均思想鼓舞着人心，起了团结内部的作用。太平天国诸王和太平军中的将领，也没有过多的特权。张德圣在《贼情汇纂》中说："首逆数人起自草莽结盟，寝食必俱，情同骨肉。"又说："太平军官兵都是自携军火，裹粮以行，无舟车之载，安能觅轿焉？洪杨诸首逆，并自敝衣草履，徒步相从。"但进入南京后，革命尚未成功就腐化起来，大造王府，搞封建特权。洪秀全本人不但拥有生杀之权，而且拥有华丽的宫殿和财产，以及成群的宫女和后妃。（**苏双碧：《洪秀全传》，大地出版社，1989**）上上下下腐化起来。历史的经验教训是值得注意的，又何止"甲申三百年祭"！

二、心存富国强兵的洋务运动

太平天国失败后，中国社会遭受极大破坏。

清朝对太平天国革命的镇压屠杀是极惨酷的。受太平天国的影响，各地爆发了不少农民战争，其中规模比较大的是西北方面的回民暴动。清朝对这些暴动，也是采取惨酷的镇压政策。这些暴动被镇压过去之后，中国社会受到极大破坏，有的地方“或数十里野无耕种，村无炊烟”，有的“一望平芜，荆棘塞途，有数里无居民者，有数十里无居民者”，有的“一片焦土，遍地黄蒿，行终日而不见一人”，“人物凋耗，弥望白骨黄蒿，炊烟断绝”，有的“土地之开垦者十不二三，而人民之死亡者十居六七，或行数十里不见一椽一屋一瓦之覆，炊烟尽绝，豺獾夜嗥”。这情况出现在长江流域，也出现在大西北。

就在太平天国革命在江南开展的时期，中国还遭受了英法联军的入侵。清廷战败，又订立了《天津条约》和《北京条约》。鸦片战争后订立的《南京条约》，只开放广州、福州、厦门、宁波、上海五处为通商口岸，割让香港，赔款了事，清朝仍顽固地执行闭关自守政策，不许外国人进入五口岸以外的地方。《天津条约》《北京条约》订立的结果，东南沿海通商五口岸外，扩大为沿海南北七省和长江内部十三个口岸；由五口通商传教，扩大为随意到内地通商、传教、游历；由双方议定关税税则，改为侵略者直接管理中国海关，关税税率大大降低。这就有利于洋货进入中国市场。适好这时英国生产力发展很快，商品成本大幅度降低。洋货倾销中国，中国的手工业急剧破产。

内忧外患，使爱国的士大夫知识分子更加清醒，也引起统治阶级官僚集团内部分化，顽固保守派之外，出现希图救亡图存的洋务派。他们希望在“中学为体，西学为用”的大格局下学习西方，以官办或官商合办形式，创设军工企业，场矿、邮政、铁路，等等。实际上，这是以渐进方式引进资本主义。洋务运动为资本主义进入中国开路。

洋务运动的主要人物有朝廷方面的恭亲王奕䜣，地方方面的曾国藩、左宗棠、李鸿章、张之洞等。

在对太平军的作战中，清朝政府和曾国藩等更体会到洋枪洋炮的优势。恭亲王奕䜣积极要求练兵和制造枪炮。1861年，曾国藩在安徽第一个办起了制造新式军火的工厂“安庆内军械所”。次年，李鸿章在上海创办了上海洋炮局。1865年，李鸿章合并小厂建立起“江南机械制造总局”。同年，李鸿章又在南京建立“金陵制造局”。1866年，左宗棠在福建建立“福州船政局”，亦称“马尾船政局”。1867年，清政府又在天津建立“天津机器局”。这是几个大的军工厂。在此期间，各地地方政府也多自筹经费创办了一些地方自用的制造厂、机器局。

办军工厂、制造厂，都是为了解决军火问题。当时正和太平天国作战，军火自然是为了攻打太平军。但在西方国家一再的侵略和侮辱下，洋务派自然也会一肚子怨气，自然也有抵御外患的思想要求。恭亲王奕䜣在一个奏折里说：

> 此次夷情猖獗，凡有血气者无不同声忿恨，臣等粗知义理，岂忘国家之大计。惟念捻炽于北，发炽于南，饷竭兵疲，夷人乘我虚弱，而为其所制。如不胜其忿而与之为仇，则有旦夕之变；若忘其为害而全不设备，则贻子孙之忧。古人有言：“以和好为权宜，战守为实事。”洵不易之论也。**（咸丰十年十一月初三日《奕䜣桂良文祥奏统计全局酌拟章程六条呈览请议遵行折》，见《筹办夷务始末》“咸丰朝”，卷七一）**

折中所说“夷情猖獗”是指英法联军攻至北京，火烧圆明园。统治者为了不“贻子孙之忧”，也不能“忘其为害而全不设备”。他们也自然会有造炮、练兵，强大以御外侮的思想。

洋务派诸人中也有人认识到要发奋图强，非变法不可的。李鸿章就有这认识。他在同治十三年九月二十九日（1874）《筹议海防折》中就说：

> 《易》曰：“穷则变，变则通。”盖不变通，则战守皆不足恃，而和亦不可久。……居今日而欲整顿海防，舍变法与用人，别无下手之方。伏愿我皇上顾念社稷生民之重，时势艰危之极，常存欲然不自足之怀，节省冗费，讲求军实，造就人才，皆不必拘执常例，而尤以人才为亟要，使天下有志之士无不明于洋务，广练兵、制器、造船各事可逐渐加强。……窃以古无久而不敝之法，惟本办事之人同心协办，后先相继，日益求精，不独保境息民，兼可推悟新意，裕则足用。（《李文忠公全集·奏稿》卷二四）

穷则变，变则通；舍变法无下手之方，自古无久而无弊之法，都看出李鸿章的变法思想。慈禧统治下，假使他无变法的条件，他自然也不敢提出来。假使，近代中国不出一慈禧迫使同治自暴自弃、废弃光绪，无论同治还是光绪，皆可支持洋务。而当时掌权的中外大臣，如恭亲王、曾国藩、左宗棠、李鸿章，都可以在“中体西用”下变法图强。“西用”渐多，资本主义冲击封建经济，积久而“中体”（封建礼教和封建制度）无不垮者。必求一日而实现民主，则民主无不是假的，有其名，而实仍封建，反而由统一而割据，进步更慢，“所谓欲速则不达”者也。

平心而论，慈禧也并非完全不能接受变法，这由她后来也实行变法可证。慈禧和光绪的矛盾，根本处在权，光绪变法是先要夺慈禧的权。慈禧当然不干。如果光绪权术些，或像北魏孝文帝对文明太后，慈禧和光绪合作不是全无可能。光绪排除慈禧，自己软弱无力，又操之过激，失败了。

洋务派有两个理想：一自强，二求富。购买军火，设工厂，制造洋枪洋炮，都是为了“强”。开办民用企业，都是为了“富”。

19世纪70年代起，洋务派即在兴办军事工业的同时，大办民用企业。李鸿章等人，从经验和实践中知道“夫欲自强，必先裕饷；欲浚饷源，莫如振兴商务”（《李文忠公全集·奏稿》卷三九）。民用企业的创设，采取官办、官督民办、官商合办三种形式。从19世纪60年代到90年代的二十多年中，洋务派创办了二十多个民用企业，有轮船、煤、铁、铁路、电报、纺织等，其中重要的有：上海轮船招商局、开平矿务局、漠河金矿、汉阳铁厂、天津电报总局（后迁到上海）、上海机器织布局、湖北织布局等。

创办这些企业的目的，是为了抵抗外来资本主义势力、保护中国利益。至少可以说这是目的之一。在开办之初，也多起了这种作用。光绪二年，太常卿陈兰彬上奏说：

> 查招商局未开以前，洋商轮船转运于中国各口，每年约银七百八十七万七千余两。该局既开之后，洋船少装货客，三年共约银四百九十二万三千余两。因与该局争衡，减落运价，三年共约银八百十三万六千余两。是合计三年中国之银少归洋商者，约已一千三百余万两。（《洋务运动》第六册，9页）

其他如煤矿、电报、织布等，都起了这种作用。

创办企业，管理企业，发展企业，在在需要人才。为了培养管理企业、发展企业的人才，就需要设立学校，办教育。洋务派对办教育是很重视的。

19世纪60年代到90年代，洋务派创办了几十所学堂。学堂大体可分为两类：一类是西文学堂，一类是西艺学堂。西文学堂是培养学外国语言文字的人才，西艺学堂是培养学习西方技术包括军事技术的人才。

1862年在北京设立的同文馆，是洋务派创建的第一所新式学堂。这所学堂，以培养翻译和外交人才为宗旨。最初是学习英语，其后又相继设立了法文馆、俄文馆、德文馆和东文馆。这时期，洋务派还创办了一批专业学堂，专门培养科技、军事、医务、制造、矿务等方面的人才，其中最有影响的是福州船政学堂和天津北洋水师学堂。福州船政学堂，是1866年左宗棠奏请创办的，主旨是培养驾驶和制造轮船的人才。天津北洋水师学堂，是1880年李鸿章奏请创办的，严复就是北洋水师学堂第一任总教习，后任校长。

洋务派极重视选派留学生，1872—1875年，先后选派四批，每年每批三十人，共一百二十人去美国学习。著名的铁路总工程师詹天佑就是第一批被派往美国的留学生。同时，也选派学生赴法国、英国和德国留学。

这些留学生，在外国期间，学习了专业科学技术，经过中外对比，思想觉醒，也激发了爱国思想。他们希望国家富强，反对外国侵略；同情民主、自由，和清政府疏远。他们回国后，有的在中法、中日战争中，为国英勇牺牲；有的致力于西方政治、文学名著的翻译工作，宣传爱国思想。他们把中国的文化介绍到外国去，同时又把外国的文化传到中国来。

清王朝中的顽固派昏庸无知，对于引进西方科学技术，引进西方思想文化，一概持反对态度。

他们反对办学堂向外国学习，说洋务派提倡西学是“捐弃礼义廉耻的大本大原”，是“败坏人心”，是“用夷变夏”。他们特别反对引进机器，说：“四民之中，农居大半，男耕女织，各职其业，治安之本，不外乎此。……机器渐行，则失业者渐众，胥天下为游民，其害不胜言矣。”他们反对开矿修铁路，说：“古来圣君贤相讲富强之道者，率皆重农抑商，不务尽山泽之利，盖所称为极治者，亦曰上下相安，家给人足，足以备豫不虞而已。”（参见《洋务运动史论文选》，405页，人民出版社，1985）

顽固派是以小农思想反对工商业，以封建经济对抗资本主义。说穿了，他们是封建制度下利权的既得者，他们当然反对破坏他们的既得利益的新经济制度——资本主义。

官营企业，得到政府的支持和保护，初期是发展的，对中国的经济近代化是起了推动作用的。它促进了中国资本主义的发展。

但到了后期，官办、官民合办、官督民办，都出了问题。问题中最主要的，其一是贪污腐败。身为各局总办和提调等重要主持人员“竟慷他人之慨，花天酒地，一任遨游。视公司之财如内库之藏，所办未就，资本已亏”（陈真等：《中国近代工业史资料》第3辑，19页）。他们“或且九九之数未谙”，对所管企业一窍不通，“茫无分晓”（同上书，16页）。他们除了营私舞弊和瞎指挥外，什么也不会。在各个企业的管理人员中，普遍存在着“大者偷料减工，小者束手闲坐，糜饷玩公”（同上书，1页）的现象。其二是产品质量低劣。如福州船厂制造的船舰“运货不逮商船之多，战阵不若兵船之劲，是欲求两便而适以两误也”（《庸庵集》文编卷一，14页）。1875年，金陵炮局制造的大炮七门运至大沽炮台试放，结果两门大炮炮身炸裂，当场炸死多人，不久又一门炸裂，其余四门成了废铁。（参见苑书义等：《中国近代史新编》，104页，人民出版社）

中日甲午战争，中国战败，洋务派苦心经营的北洋海军，几乎全军覆没。洋务派内受顽固派的攻击，外则败于蕞尔小国日本。爱国知识分子的思想在起变化。他们大都看清楚了虎是不能与之谋皮的。资本主义的发展，就是封建社会和制度的死亡。依靠封建制度而存在的顽固分子是不能接受资本主义生产方式和文化思想的进入和发展的。原来对洋务运动抱希望的人，包括派出的留学生，转而对洋务运动这条路绝望了，他们大批转到变法维新的道路上去。洋务派完成了它的历史任务。

洋务运动是产生于统治者内部的自救运动。它希望在维持现状下，慢慢地接受西方的科学技术。为了接受西方科技，就得向西方学习，学习西方的科技。为了学习科技，就不得不自己兴办工厂，自己来制造枪炮。一步牵动一步，终至要接受资本主义生产方式，接受西方文化。但在尖锐的政治斗争中，洋务派一些人向顽固派低头，一些人走向变法维新。洋务运动衰歇，跟着变法维新走上政治舞台。

洋务运动，给我们留下深刻的历史教训。他们走的是一条委曲求全的道路。他们不敢惹怒顽固派，主要是慈禧；激进者又不满意他们的软弱，他们两面不落人。中国近代史，在正常发展下是由封建走上资本主义的时代。在这个时代，凡有助或有促进或推动资本主义的前进和发展的，都是有进步意义的。对洋务运动也应作如是观。但洋务运动也给我们一条极重要的经验教训，官僚政治从来都是要坏事的。它的结果必然是贪污腐败，使事业失败。官办、官督、官督民办，都难逃失败的命运。

三、变法维新和君主立宪

19世纪70—80年代，中国出现君主立宪和变法维新的思潮，涌现出一批要求君主立宪、发展私人资本主义的思想家。

他们受的是英国君主立宪的影响。他们中有的是英国留学生，有的到英国去过或在商业活动中和英国接触多的。其代表人物有王韬、薛福成、郑观应、陈虬等。他们的理想就是在中国兴办工厂、矿场，修铁路，造轮船，发展民族资本。在他们思想里逐渐明确和强调的是要求工商业应“不由官办，专由商办”，“全以商之道行之，绝不拘以官场体统”。（郑观应：《盛世危言·商务》）他们已认识到代议制是西方富强之本。如郑观应说：

议院者，公议政事之院也。集众思，广众益，用人行政，一秉至公。泰西各国，咸设议院，每有举措，询谋咸同，民以为不便者不必行，民以为不可者不得强，朝野上下，同德同心。人第见其士马之强，船炮之坚利，器用之离奇，用以雄视宇内，不知其折冲御侮，合众志以成城，致治固有本也。（《议院上》，见《盛世危言增订新编》卷五《开源》）

他认为议院是本，轮船火炮是用。中国只求造船制炮是舍本求末。他说：

育才于学堂，论政于议院，君民一体，上下同心，务

> 实而戒虚，谋定而后动，此其体也。轮船、火炮、洋枪、水雷、铁路、电线，此其用也。中国遗其体而求其用，无论竭蹶趋步，常不相及，就令铁舰成行，铁路四达，果足恃欤？（《盛世危言》初刊《自序》）

官僚政治的弊病，是畏葸、琐屑、敷衍、颟顸，总之不敢负责。他说，这些“皆弊之太甚而不可不去者也。去之之道奈何？请一言以蔽之曰：是非设议院不为功”（郑观应：《盛世危言·开源》）。陈虬等人都提设议院。李泽厚教授指出：

> 改革内政问题，一开始便为近代先进人士所注意，龚自珍、魏源、冯桂芬都提出过许许多多的意见和办法，但这些意见和办法大都停留在封建主义“修身齐家治国平天下”老一套圈子里打转，并无真正新颖的见解。只有在资本主义开始作为一定社会物质力量存在的条件下，只有在中法战争揭穿清朝政府腐败、国内广大社会阶层要求改革的局势下，才能真正产生这种虽然弱小但是新生的进步政治要求和政治思想。它空前的在中国历史上明白提出用资产阶级代议制度来改变数千年的君主专制制度的主张，具有重要的思想意义。（《中国近代思想史论》，57页，人

民出版社，1986）

在当时的历史条件下，君主立宪的代议制是最现实的、最合时的道路。不落后，也不躐等冒进。

康梁变法是改良派改革维新活动的最高峰，康梁的改革思想是清末改良派中最有完整理论体系的思想。这个最高峰并不是孤立的而是有社会基础的。梁启超说：

> 自时务学堂、南学会等既开后，湖南民智骤开，士气大昌，各县州府私立学校纷纷并起，而学会尤盛。人人皆能言政治之公理，以爱国相砥砺，以救亡为己任。其英俊沈毅之才，遍地皆是。其人皆在二三十岁之间，无科第，无官阶，声名未显著者，而其数不可计算。自此以往，虽守旧者日事遏抑，然而野火烧不尽，春风吹又生。（《戊戌政变记》附录二《湖南广东情况》）

这是湖南的情况。风起云涌，全国民气多有如此者。这些都是改良主义出现的社会基础。

康有为对中国历史和中国传统文化都很有修养。他懂得历史是不断发展、不断变化的，他深谙“公羊三世”说。他用“公羊三世”说来论说近现代的历史演变。他说：

> 人道进化，皆有定位。自族制而为部落，而成国家，由国家而成大统。由独人而渐立酋长，由酋长而渐正君臣，由君主而渐至立宪，由立宪而渐为共和。由独人而渐为夫妇，由夫妇而渐定父子，由父子而兼锡尔类，由锡尔类而渐为大同。于是复为独人。兼自据乱进为升平，升平进为太平，进行有渐，因革有由，验之万国，莫不同风。……孔子之为《春秋》，张为三世，……盖推进化之理而为之。（《论语》注）

康有为的思想中，社会政治进步要分两步走，第一步先从乱世进入升平，小康社会；第二步再由升平世进入太平世，即大同世界。具体到中国，第一步就是君主立宪。这一步只能是自上至下，在朝廷主持下变法维新。

自光绪十四年（1888）至光绪二十四年（1898），康有为数次上疏，陈说变法。

康有为的大同思想，保存在他的《大同书》里。这部书共分十个部分，即：甲、入世界观众苦；乙、去国界合大地；丙、去级界平民族；丁、去种界同人类；戊、去形界保独立；己、去家界为天民；庚、去产界公生业；辛、去乱界治太平；

壬、入类界爱众生；癸、入苦界至极乐。从十部分的题目中，已不难看出《大同书》的思想内容。他要去的是自今以往的各种苦源。这些人类痛苦之源是国界、级界、种界、形界、家界、产界、乱界、类界。因为人类有了这些“界”区分，才生出各种痛苦，万种痛苦。这是人类以往的苦，康有为要人类破除这些苦源，走上“极乐”世界。极乐时代，即大同世界，大同时代。

他和释迦牟尼一样，曾长时期思想这些苦，寻找极乐。他自己说：“长夜坐，弥月不睡，恣意游思天上人间极苦极乐。”（《康有为南海自编年谱》）

也和释迦牟尼一样，康有为经过长期思虑也找到了他的极乐世界。在他的极乐世界里，一切为公，没有私。“凡农工商之业，必归之公”“举天下之田地，皆为公有”“凡百工大小之制造厂铁道轮船皆归焉，不许有独人之失业”“不得有私产之商，举全地之商业，皆归公政府商部统之”。总之，“大同之世，天下为公，无有阶级，一切平等”。

这是康有为的理想世界，这理想世界只能是乌托邦。在康有为的思想里，没有从他的升平世君主立宪国家走进太平世大同世的桥梁。他架不起来这个桥梁。

康有为是真实的人。他不是在骗人，也不是在骗他自己。

但有一点是清楚的，他反对用革命的手段来实现太平世。他是反对革命的，尽管他架不起由君主立宪到太平世大同世界的桥梁，他也反对革命。康有为认为这据乱世、升平世、太平世三世是循序渐进的，不能躐等而进。在他看来，中国只能行君主立宪，不能有革命。他在《答南北美洲诸华侨论中国可行立宪不可行革命书》中说：

> 时势之所在，即理之所在。……盖今日由小康而大同，由君主而民主，正当过渡之世，孔子所谓升平之世也。万无一跃超飞之理。凡君主专制、立宪、民主三法，必当一一循序行之，若乱其序则必大乱。（《康有为政论集》，475 页，中华书局，1981）

他用欧洲的形势来伸张他的反对革命的理论，他说：

> 统计欧洲十六国，除法国一国为革命，实与俄之一国为专制者同，皆欧洲特别之情。其余十余国，无非定宪法者，无有行革命者。然法倡革命，大乱八十年，流血数百万，而所言革命民权之人，旋即借以自为君主而行其压制，如拿破仑者，凡两世矣。……今各国之宪法，以法国为最不

善。国既民主，亦不能强，能革其君，而不能革其世爵之官，其官之贪酷压民甚至，民之乐利，亦不能如欧洲各国。此则近百年来欧洲革命不革命之明效大验矣。（同上）

又说：

以中国之政俗之心，一旦乃欲超跃而直入民主之世界，如台高三丈，不假梯级而欲登之；河广六寻，不假舟筏而欲跳渡之，其必不成而堕溺，乃必然也。（同上）

19世纪90年代，特别是中日战争之后，各地有识之爱国知识分子，无不怒愤填胸，痛恨清廷之昏庸，他们起而组织学会、出版报刊、宣传爱国主义。他们的思想，大多在变法维新、君主立宪的圈子里。所以90年代是改良派的天下，康有为有极大的影响和极高的声望。革命派孙中山的声势是不能和改良派相比的。

戊戌变法失败，维新志士谭嗣同等六君子惨遭杀害。

时代机遇捉弄中国和中国人民。这时朝廷大权却掌握在一群昏庸愚昧的官僚大臣手里。慈禧聪明机警，却贪恋权位，缺乏文化修养，缺乏远见，缺乏雄才大略。但不能说，当时的历史条件就注定了昏庸顽固反动者必定胜利，变法维新就一定失败。好像这是命定。朝廷中能产生光绪支持变法，就也可能出现一个太后也同情变法，支持变法。如果这时也出现一个像北魏冯太后样的太后，出现一个像秦皇、汉武或顺治、康熙样的皇帝，君主立宪就不是没有可能。如果清末君主立宪成功，中国走上尽管可能是缓慢的、改良的道路，那以后的历史就会是另一个样子，中国就会是另外一个样子。

偶然、机遇，捉弄中国人民，使近代中国人民走上了一条悲壮的道路。它是“壮”的，可歌可泣的，但却是“悲”的！一批批的民族精英看不见国家民族的复兴，就倒下去了。

戊戌变法的失败，六君子的惨遭杀害，是近代中国改良思潮转向革命思潮的转折点。顽固派连改良都不能接受，只有迎接革命了。

四、民主革命和社会主义

中山先生爱国思想和爱国活动，大致始于1893年。这一年冬，他和友人陆皓东等人在广州计划组织兴汉会，纲领是“驱除鞑虏，恢复华夏”。这反映了中山先生的革命活动和思想是从民族开始的。而这时的孙中山的民族主义还是狭隘的民族主义，“驱除鞑虏”的含义并不十分明确，是推翻清朝政权，还是把满人都驱除出去，赶回东北？不明确。思想是狭隘的。

中山先生虽然有了“驱除鞑虏”的思想，但改良主义的思想仍是很浓厚的，也就在这年十二月，他草拟了《上李鸿章书》。次年1894年（光绪二十年）五月，他到天津，把《上李鸿章书》托别人交给李鸿章。

这个上书的内容代表孙中山这时的思想。在上书里，他提出“人能尽其才，地能尽其利，物能尽其用，货能畅其流”四条富国强兵振兴经济的主张，认为“此四事者，富强之大经，治国之大本”，并对四者内容做了说明。他批评洋务运动只求“仿行西法，以筹自强”“而不急于此四者，徒惟坚船利炮之是务，是舍本而图末”。

孙中山这时所走的道路，仍是战国以来策士们和改革家如商鞅所走的“求知当道，游说公卿”的道路，仍是当时改良派所走的道路。孙中山抱着正如他自己所说“冀万乘之尊或一垂听，政府之或可奋起”的希望，来求一试。但他的幻想落空了。

李鸿章没有理睬孙中山的上书。这时正是日本发动侵略中国战争的前夕，李鸿章的心情正在忧患紧张中，孙中山又是一个没有名望的小人物。李鸿章是官场老手，自然不会理会他了。

孙中山对清廷绝望。这年十一月，他在檀香山组织革命团体——“兴中会”。入会誓词中，鲜明地提出“驱除鞑虏，恢复中华，创立合众政府”的政治主张，于反清之外，提出要建立民主共和国。因受到美国的影响，故称合众政府。

孙中山1896年9月由美国纽约到英国伦敦，曾一度被清朝使馆诱捕，释放后即留在伦敦，住了将近一年。这一年，他读了很多书，又考察了英国的社会经济情况，他比较认真地研究了英国的社会情况和政治制度。这对孙中山的思想变化、发展，是很有关系的。

1894年的中日战争，战争的失败和次年的《马关条约》，割让台湾、琉球，赔款两亿两白银，更使中国人民，特别是其中的精英知识分子日益觉醒。1898年，戊戌变法失败，更使中国的爱国志士认清了清廷的顽固反动面目。

1900年，八国联军侵入北京。慈禧挟光绪皇帝离开北京逃往西安。慈禧也不得不下诏变法，实行一些洋务派和改良派提出过的政治、经济革新的主张。

19世纪末20世纪初，中国的资本主义又有所发展。随着资本主义的发展，兴办学堂，发展教育，知识分子人数迅速增多起来。选派留学生出国留学的风气盛行，1904年去日本的留学生就有八千多人。

内忧外患激起了人们的爱国热情，爱国志士日渐众多，但爱国救国的道路还有争论。这一时期，改良派的领袖康有为、梁启超在海外华侨和留学生中组织“保救大清光绪皇帝会”（简称“保皇会”），主张在保全大清皇帝的基础上，实行君主立宪，通过自上而下的改革，发展资本主义。

这一时期，改良派君主立宪思想很受人们的接受和支持。檀香山本是孙中山革命派的基地，但在这一时期，大部分兴中会的会员都被改良派“保皇会”吸引了去。到1903年，“保皇会”在海外的势力极为膨胀，仅在美洲各地就设立了11个总部和86个支会。兴中会被破坏得零落不堪。

孙中山最初很希望和改良派合作，但他的希望很快就幻灭了。他认识到：革命派也要做宣传、办杂志。他们在日本和国内先后出版了大批书报杂志，宣传反清和民主思想。其中特别是邹容的《革命军》、章炳麟的《驳康有为论革命书》和陈天华的《猛回头》《警世钟》等著作，更是轰动一时，影响很大。

1904年年底，孙中山到欧洲去。他这次到欧洲，不只读了社会主义的书，还和第二国际执行局有了接触。1905年5月中旬，孙中山在比利时布鲁塞尔曾去拜访第二国际执行局的主席王德威尔和书记胡斯曼。他说中国革命已是社会主义运动的一部分，希望执行局接纳兴中会为第二国际成员。

社会主义的影响，使孙中山有了“平均地权”的思想。他在欧洲和中国留学生组织革命团体的誓词里，就有“驱除鞑虏，恢复中华，创立民国，平均地权”四项革命目标。（冯自由：《中华民国开国前革命史》上卷，174—176页）

这年（1905年）7月，孙中山回到日本东京，和黄兴等组织同盟会，仍用了“驱除鞑虏，恢复中华，创立民国，平均地权”为同盟会的革命宗旨。入会誓词和同盟会章程里都用了这四句话。这四句话，反映了孙中山的“三民主义”思想体系已逐渐形成。在这年11月创刊的《民报·发刊词》里，孙中山就明确地提出民族主义、民权主义和民生主义。次年，在《民报》创刊周年纪念会上发表的重要演讲（后来标题为《三民主义与中国前途》），对三民主义的基本内容又做了阐述。

对民族主义，明确了“驱除鞑虏”并非“要尽灭满洲民族”，而是“定要扑灭他的政府，光复我们民族的国家”。但满洲民族放在什么位置？扑灭他的政府，光复我们的民族的国家，满洲民族还是不是中国人？还在不在中国之内？是不是汉人要去统治满人？这些问题不明确。民族主义是否反对帝国主义，也没有明确规定。民生主义，只有平均地权，“节制资本”还没有提出。

1924年的《中国国民党第一次全国代表大会宣言》是孙中山起草的。这时孙中山先生的思想已受到共产党的影响，第一次全国代表大会有中国共产党人（以国民党员的身份）参加，大会宣言中也包括了他们的意见。但它是孙中山亲自起草的，它是孙中山的思想，而且它可以看作是孙中山的最后的、最代表孙中山的思想的文件。

在这个宣言里，孙中山对于三民主义的解释是：“民族主义有两方面之意义：一则是中国民族自求解放，二则中国境内各族一律平等。”对外“反对帝国主义”，对内“诸民族宜可得平等之联合”，革命胜利后，“组织自由平等的各民族自由联合的中华民国”。这里显然已接受了苏联革命后民族自觉的思想。

“民权主义，则为一般平民所共有，非少数人所得而私也。”“凡真正反对帝国主义之个人及团体，均得享有一切自由及权利，而凡卖国罔民以效忠于帝国主义及军阀者，无论其为团体或个人，皆不得享有此等自由及权利。”

“民生主义，其最主要之原则，不外二者：一曰平均地权，二曰节制资本。”反对土地“为少数人所操纵”“使私有资本制度不能操纵国民之生计”。

另外，他在1924年所做的三民主义演讲（即后来出版的《三民主义》专著）里，曾说：民生主义就是社会主义，就是共产主义。

这是孙中山先生最后的思想，是他整体思想的代表。

孙中山的三民主义思想，主要是接受的西方思想。广州是中国接受西方文化的前沿地区。鸦片战争以前已和英国等国有贸易关系。孙中山的长兄孙眉是檀香山华侨，他自幼即曾去过檀香山并在那里接受教育。他后来有五权宪法，其中的考试权和监察权是中国传统制度，但主要的三权——行政、立法、司法仍是西方的。

他的民生主义，平均地权和节制资本，是他在欧洲看到资本主义的弊病，为了防患未然而提出的。他在他的《三民主义》演讲里说民生主义就是社会主义、共产主义，在中国国民党第一次全国代表大会宣言里没有提这句话。孙中山很欣赏列宁的新经济政策，他说他的思想和列宁的新经济政策很相近。他在1921年年底，于广西桂林会见列宁的代表马林以后，在给汪精卫、胡汉民的电报里说：

> 苏俄革命后实行马克思主义，余甚滋疑，以现世界正在资本主义旺盛时代，俄国工商业不甚发达，共产主义不

能单独成功，其去实行之期尚远。今闻马林言，始悉苏俄行共产主义后，以深感困难，仍改行新经济政策。此种新经济政策，其精神与余所主张之民生主义，不谋而合。余深信苏俄能先实行与余之主义相符之政策，益信余之主义切合实行，终必能成功也。（《孙中山全集》，上海三民公司，1925）

在这段话里，看到在孙中山的心目中，当时还是资本主义旺盛的时代，俄国工商业又不甚发达，共产主义去实行之期尚远，能否在俄国单独成功，他还很怀疑。那么社会主义、共产主义在中国能够实行的时期当会更远的。他认为新经济政策，其精神和他的民生主义是不谋而合的，可以说都是实行共产主义、社会主义的手段，通向共产主义、社会主义的道路。

把民生主义比作俄国列宁的新经济政策是十分正确的。七十年后看苏联的结果，更可以看到新经济政策的可贵，我们也可以认识孙中山民生主义思想精神的可贵。在实行民生主义的平均地权方面，孙中山后来又提出“耕者有其田”，联系到当前邓小平“包产到户”的政策，亦可见孙中山“耕者有其田”的正确。

读近代中国历史，看到中国爱国志士掷头颅，洒热血，牺牲精神可歌可泣，不禁掩卷沉思，慨叹于中国人民的不幸。有时不禁幻想：中国人民的不幸是否可以避免？例如：

（一）慈禧太后能不能是一个有高瞻远瞩、英明果断、雄才大略，至少像历史上北魏文明冯太后一样的人物？我认为是完全可能的。从唯物观点来说，当时的历史条件很可能产生像现实中的慈禧太后那样的人，但也不能说天命注定只能产生这样的慈禧，绝不可能产生另外样的慈禧太后。同样的大环境，就产生了个光绪皇帝。光绪皇帝自幼生长在王府、皇宫，慈禧还在“民间”过过一段日子，多看过一眼社会，知道一点民间疾苦。假如慈禧和光绪皇帝合作，像北魏文明太后和孝文帝的关系一样，变法维新，推行新政，假如慈禧能够这样，以清朝皇帝专制主义的地位，朝臣是不敢反抗的。当时朝廷大臣，昏庸无能的多，只要保住禄位唯君命是从的多，阴贼险狠，有权略敢于反抗皇帝的还没有。有一个袁世凯，但他是后起，在当时还不成气候。慈禧死后，载沣为摄政王，可以免袁世凯的职回家为民，可知如果慈禧推行新政，他不会搞政变，也无条件搞政变。

（二）假如袁世凯不是一个有术无学的人，能够在接替孙中山任总统后，励精图治，遵守约法，推行新政，发展资本主义，中国又将是另一个样。也不能说这纯属绝不可能的幻想。

袁世凯远比不上曹操，曹操手握国家大权二十四年（建安时期）都不做皇帝。曹操取代汉献帝比袁世凯成功的可能多多了，但曹操不做。

（三）孙中山死时才59岁。如果孙中山晚死三十年或二十年，到1944年或1954年去世，中国又将会是一个样。北伐后的汪、蒋、胡争权，国民党的内战可以避免。以孙中山的思想、精神、气质看，他会推行三民主义大概是不成问题的。孙中山曾说他的三民主义像列宁的新经济政策。他推行新经济政策，正是中国所需。

这三种假设、幻想，并不能说都完全不可能。大的时代条件、社会环境、阶级关系，可以决定社会历史的走向，但这并不排除偶然、机遇、心态、才能，会起一时一代的历史作用。呜呼！近代中国人民，何其不幸耶！

五、五四新文化运动

鸦片战争失败以后，应如何对待西方文化的问题跟着就发生了。顽固的守旧派，反对西方文化，说中国是礼义之邦、天朝大国，什么都比西方好，不能向西方学习。头脑清醒的爱国知识分子，已看到中国的不如人，至少西方的坚船利炮要比中国的好。林则徐、魏源都属于这一派人物。林则徐属下有专人不断搜集西方国家的政治社会情况，拟编辑《四洲志》。魏源继林则徐之志，编了《海国图志》。也就是魏源提出了“以夷攻夷”“师夷长技以制夷”的思想和主张。

随着殖民主义者的步步入侵，中国资本主义的发展，爱国主义的深入，如何对待西方文化的问题，争论就更加广泛、激烈。19世纪60至90年代洋务运动时期，争论的主要问题是只靠中国固有的文化、封建礼制就可以维持统治，还是需要替之以“采西学”“制洋器”。1894年中日甲午战争以后的维新运动时期，争论主要集中在是维护三纲五常、君主专制，还是提倡民权平等、君主立宪。20世纪初进入辛亥革命时期，对待中西文化的态度和主张，更为多样化，争论的问题也有所深入。

八国联军入侵之后，慈禧太后审时度势，也不得不采用变法维新，原来洋务派的指导方针“中体西用”成为她变法的基本调子。在清王朝颁布的“整顿学堂”的上谕中，就强调“以圣教为宗，以艺能为辅”。圣教是中国的，以为宗；艺能指西方科技，是西方的，以为辅。在教育宗旨中，就明确规定“以中学为主，西学为辅”。反对光绪皇帝变法维新的慈禧太后成了变法维新的执行者。这是对历史的讽刺，但这是历史事实。这样的历史事实，在中外历史上是常见的，慈禧只是一例。

20世纪初，对待中西文化学术的态度，也出现了极端的思想倾向，一端是“醉心欧化”，一端是“保存国粹”。醉心欧化者，认为西方什么都是好的。“尊西士为圣神，崇欧人为贵种。”（《论中国对外思想之变迁》，《警钟日报》1904年6月21日）中国什么都是坏的，“则虽一石一花亦加轻薄”（见《破恶声论》，《河南》第8期）。国粹派中虽有几种不同意见，一般认为儒家伦理纲常的礼教思想，是“经世之具，至精至粹，至可宝贵者”（《清末筹备立宪档案史料》下册，976页。转引自龚书铎教授《近代中国与文化抉择》，115页）。

以极端的态度对待中西方文化，是不正确的，必导致偏颇或错误。

能正确对待这一问题的，当然也不乏人。当时就有人说：“对于我国固有之学，不可一概菲薄，当思有以发明而光辉之；对于外国输入之学，不可一概拒绝，当思开户以欢迎之。”应当“吸食与保存两主义并行”，“拾其精英，弃其糟粕”。（师姜：《学术沿革之概论》，《醒狮》第1期）鲁迅在当时也明确提出：“外之既不后于世界之思潮，内之仍弗失固有之血脉，取今复古，另立新宗。”（见《文化偏至论》，《河南》第7期）这就是说，吸取西方的新思潮，结合中国传统文化，融会贯通，创造新文化。

对中西方文化持融会贯通态度的，还有中国近代学术史上的著名人物严复和梁启超。严复说："统新故而视其通，苞中外而计其全。"（《与〈外交报〉主人书》，《严复集》第3册，560页，中华书局，1986）梁启超解释"新"的含义说："一曰淬厉其所本有而新之，二曰采补其所无而言之。二者缺一，时乃无功。"（《新民报》，《梁启超选集》，211页，上海人民出版社，1984）

以上所谈，是近代中国爱国知识分子对待中西文化的态度，对西或主吸收，或主排斥；对中或主保存，或主废弃。也有主张对两者兼容并包，去其糟粕，取其精华，融会贯通，创造新文化。对于取什么去什么，这时期谈得较少，而这正是重要的核心问题。到五四新文化运动时期，这问题才大张旗鼓地展开了。

辛亥革命失败了。辛亥革命打倒了一个皇帝，却换来了无数土皇帝。袁世凯称帝失败，中国分崩离析，各地各省军阀都在地方上称霸称雄做起土皇帝来。旧社会的社会制度、封建礼教、愚昧无知，依然没有被触动，而且辛亥革命失败后，在思想文化方面出现了一股尊孔复古的逆流，反对民主、自由、平等的叫喊声一时甚嚣尘上。戊戌变法时期的维新领袖康有为竟然倒退到大呼：

今天坛不祀，殆将经年，其他百神，殆将废祀。甚至孔子文庙，亦废丁祭，遂至全国礼坏乐崩，人心变乱，并五千年中国之礼教而去之。若尧、舜、禹、汤、文、武、周公、孔子而有知，应无不悼心而泣血也。（《议院政府无干预民俗说》，见汤志钧编：《康有为政论集》下册，827—828 页，中华书局，1981）

面对这种形势，爱国知识分子慢慢意识到，要巩固共和团体，使中国走向富强，不是只打倒皇帝就能办得到的，必须改变旧时代的制度和礼教，这是旧社会所以为旧社会的根，要发动一次新文化运动，揭起这面大旗的是陈独秀。他在《旧思想与国体问题》中说：

这腐败思想布满国中，所以我们要诚心巩固共和国体，非将这班反对共和的伦理文学等等旧思想，完全洗刷得干干净净不可。否则不但共和政治不能进行，就是这块共和招牌，也是挂不住的。（《新青年》第 5 卷第 1 号）

五四新文化运动，可以从1915年陈独秀在上海创办《青年杂志》算起。1916年《青年杂志》搬到北京，改名为《新青年》。陈独秀之外，李大钊、鲁迅、胡适都是《新青年》的经常撰稿人。

五四新文化运动，旗帜鲜明地反对旧礼教，要求解放个性，拥护德先生（Democracy，民主）、赛先生（Science，科学）。大张旗鼓地打倒封建文化，拥护资本主义文化。后期，李大钊、陈独秀又引进马克思主义。历史上，中国只有家，只有家庭成员，没有个人，个人只是家庭成员。是父就要慈，是子就要孝。兄要友，弟要悌，女人更无地位。资本主义重个人，人人都是公民，公民组成国家。国家对公民负责，公民对国家负责。

关于“人”的问题，清末就有人提出来了。戊戌变法时期，严复就提出“鼓民力，开民智，新民德”。梁启超也宣传塑造有独立自主人格的“新民”。不用解释，他们所说的“民”就是“人”。中国社会由封建社会向资本主义转化中，就包括家庭成员的没有独立人格的“人”向有独立自主人格的“人”（新民）的转化。严复、梁启超的话，反映了“人”开始觉醒。

新文化运动时期，陈独秀等人强调人要有独立自主的人格，强调人是社会的基础、国家的基础。这是人的解放的进一步发展。陈独秀说：

社会是个人集成的，除去个人，便没有社会。所以个人的意志和快乐，是应该尊重的。（《人生真义》，《新青年》第4卷第2号）

集人成国，个人之人格高，斯国家之人格亦高；个人之权巩固，斯国家之权亦巩固。（《一九一六年》，《新青年》第1卷第5号）

陈独秀已认识到独立自主人格的“人”和资本主义的关系。他指出：

现代生活，以经济为之命脉，而个人独立主权，乃为经济学生产之大则，其影响遂及于伦理学。故现在伦理学上是个人人格独立，与经济学上是个人财产独立互相证明，其说遂至不可动摇。而社会风纪，物质文明，因此大进。（《孔子之道与现代生活》，《新青年》第2卷第4号）

两千年的家庭“成员”，现在成了“人”！但也只是开始变，还未变成！陈独秀也把有独立自主人格的人和近代民主国家联系起来。他说：

> 近世国家主义，乃民主的国家，非民奴的国家。民主国家者，真国家也。国民之公产也。以人民为主人，以执政为公仆者也。（《今日之教育方针》，《新青年》第1卷第2号）

陈独秀猛力抨击封建伦理纲常。谁束缚了个性？束缚了人？儒家礼教。五四运动的第一大贡献，即在打倒礼教。陈独秀说：

> 宗法制度之恶果，盖有四焉：一曰损坏个人独立自尊之人格，一曰窒碍个人意志之自由，一曰剥夺个人法律上平等之权利，一曰养成依赖性，戕贼个人之生产力。（《东西民族根本思想之差异》，《新青年》第1卷第4号）

陈独秀说，三纲五常之说造成“率天下之男女，为臣、为子、为妻，而不见有独立自主之人格”（《一九一六年》，《新青年》第1卷第5号）。

为了解放个性、解放人，五四时期对中国旧文化传统中的儒学主流，忠孝、三纲五常等进行了猛烈的攻击和批判。

陈独秀批判儒家的三纲五常说："儒者以纲常之教，为人子为人妻者，既失个人之独立人格，复无个人独立之财产。"（《孔子之道与现代生活》，《新青年》第2卷第4号）

当时反纲常礼教最激烈的要算吴虞先生了。胡适在《吴虞文录·序》里说：

> 吴先生（又陵）和我的朋友陈独秀是近年攻击孔教最有力的两位健将。吴虞写了一篇《吃人与礼教》，他在这篇文章里说："我读《新青年》鲁迅君的《狂人日记》，不觉得发了许多感想。我们中国人最妙是一面会吃人，一面又能够讲礼教。吃人与礼教，本来是极相矛盾的事，然而他们在当时历史上，却认为并行不悖的。这真是奇怪了！……孔二先生的礼教，讲到极点，就非杀人吃人不成功，真是惨酷极了！一部历史里面，讲道德说仁义的人，时机一到，他就直接间接的都会吃起人肉来了。（《吴虞文录》上卷）

明末学人李卓吾反礼教最激烈。吴虞对李卓吾的言论极欣赏，他在《明李卓吾别传》里引李卓吾的话说：

> 二千年以来无议论。非无议论也，以孔子之议论为议论，此其所以无议论也。二千年以来无是非。非无是非也，以孔夫子之是非为是非，此其所以无是非也。（同上）

真理不怕辩论，真理愈辩愈明。辩证法的本义就是对话辩论。天下只有一种是非，一人说了算，是会阻碍社会进步、思想文化进步的。

李大钊则对孔子儒家纲常名教这一套思想是必然要被破坏的给了唯物史观的解释，他说：

> 中国的纲常、名教、伦理、道德，都是建立在大家族制度上的东西。中国思想的变动，就是家族制度崩坏的征候。……我们可以正告那些钳制新思想的人，你们若是能够把现代的世界经济关系完全打破，再复古代闭关自守的生活，把欧洲的物质文明、动的文明，完全扫除，再复古代静止的生活，新思想自然不会发生。你们若是无奈何这新经济势力，那么只有听新思想自由流行；因为新思想是

应经济的新状态社会的新要求发生的，不是几个青年凭空造出来的。（《由经济上解释中国近代思想变动的原因》，《新青年》第7卷第2号）

这就是说，一代思想是一代社会的产物，社会变了，思想就会跟着变。

批判儒家的纲常名教，自然会连及孔子。李大钊说："孔子者，历代帝王专制之护符也。"（《李大钊选集》，77页）陈独秀说尊孔是为了复辟，"盖主张尊孔，势必立君；主张立君，势必复辟"（《复辟与尊孔》，《新青年》第3卷第6号）。

但陈独秀、李大钊对于孔子的评价还是实事求是的，不是一棍子打死。陈独秀说："反对孔教，并不是反对孔子个人，也不是说他在古代社会无价值。"（《孔教研究》，《每周评论》第20号）"使其于当时社会无价值，当然不能发生且流传至于今日。"（《四答常乃惪》，《新青年》第3卷第2号）

吴虞给陈独秀的一封信里，对于反对后世对孔子学说的利用并不是反对孔子，说得更清楚，他说：

不佞常谓孔子自是当时之传人，然欲坚执其说以笼罩天下后世，阻碍文化之发展，以扬专制之余焰，则不得不攻之者，势也。梁任公曰："吾爱孔子，吾尤爱真理。"区区之意，亦犹是耳，岂好辩哉！（《吴虞文录》）

社会上广泛流行着一句话，说五四运动"打倒孔家店"。好像五四运动是要打倒孔子。这有点误会。胡适给吴虞的《吴虞文录》写的序中，称赞吴虞是"只手打孔家店的老英雄"。"打倒孔家店"大约是从这里传出来的。

五四新文化运动大力宣传德先生（Democracy，民主）、赛先生（Science，科学）。陈独秀在《本志罪案之答辩书》中说：

要拥护那德先生（民主），便不得不反对孔教、礼法、贞节、旧伦理、旧政治。要拥护那赛先生（科学），便不得不反对旧艺术、旧宗教。要拥护德先生民主又要拥护赛先生科学，便不得不反对国粹和旧文学。（《新青年》第6卷第1号）

为了拥护德先生、赛先生，不怕断头流血。他说：

> 西洋人因为拥护德、赛两先生，闹了多少事，流了多少血；德、赛两先生才渐渐从黑暗中把他们救出，引到光明世界。我们现在认定只有这两位先生，可以救中国政治上、道德上、学术上、思想上一切的黑暗。若因为拥护这两位先生，一切政府的压迫，社会的攻击笑骂，就是断头流血，都不推辞。（同上）

读李大钊、陈独秀、康有为、孙中山等近代人物的著作，会感到亲切。有些他们提到的问题，今天仍是有受重视的价值的。

以上概括地看了一下自鸦片战争到五四运动前后七八十年间的文化思想。这些思潮，主要是为中国国家民族找出路。

这个时代，是中国由封建社会、半殖民地半封建社会向资本主义社会过渡的时代。西方殖民主义者的大炮打开了中国闭关自守的大门，而中国的专制君主统治者还在昏昏庸庸以天朝自大，继而昏庸、腐败，向洋人屈膝。中国人民、先进分子，是在这种形势下为中国找出路。正确的道路，就是接受西方新文化、新思想、新科技，接受资本主义。接受得越快，过程越短，中国人民所受的痛苦越小越少。

寻找道路的任务，前人还没有完成。任务落到后人的肩上。

第六讲　中国文化的未来

一、光辉的过去

我们说事物的未来，通常可包括两种情况：一是一种事物的过去和现在都在正常形势下发展，这时瞻望它的未来；一是事物遇到了特殊情况，出现了问题，这时瞻望它的未来。我们说中国文化的未来，包括两者，主要是后者。中国文化能继续存在和发展下去，本来是不成问题的，只是近代中国遇到了麻烦，近代中国文化遇到了西方文化，比输了，就出现了有无前途的问题。

近代中国，是一个大变动的时代，天翻地覆的大变动时代。几千年来，中国文化和西方文化，一个在亚洲，一个在欧洲，风马牛不相及，各自独立发展，形成了东西两大文化系统，彼此很少接触。到了近代，西方国家忽然漂洋过海来到中国，敲打东方各国和中国的大门。他们带来的是西方文化，是坚船利炮，是资本主义，是个人自由，是科学和民主。这一切都是和中国文化相抵触的。这是一场东西文化的大接触，大较量，大会战。西方进攻，中国大败，于是就有人对中国文化持全盘否定的态度，认为中国应当全盘西化。

中国文化绝不会灭亡，也绝不会被西方文化所代替。对中国文化的未来，我看要分两个阶段来看：一是近期，假定说二三十年，中国还要继续以吸收接受西方文化为主。中国的出路，在现代化。现在中国正走在现代化路上，既然如此，就要吸收西方的科学技术和民主。没有科学和民主，现代化是难实现的。二是譬如说二三十年后，中国文化在吸收融汇西方文化后，又会发扬光大。中国文化，会是未来人类社会所需的，合乎人类未来时代需要的。

几千年来，人类文化是不断发展，不断演变的。没有任何一个文化系统是自古以来就是现在这个形象的。发展演变，一般是两条腿走路，一是自身的演进，二是从外界吸收接受。任何一种文化，在它的发展过程中都是不断受外来文化影响，不断吸收外来文化的。吸收外来文化，这是任何文化发展过程中的自然现象。文化发展，好像一条河流，自源头一路往下滚流，沿途条条小水前来汇合，然后成为滔滔滚滚的大江。文化的发展演变亦是如此。

对于中国传统文化的形成，亦当像如是观。就以儒学为例，孔子死后，儒有十家，家家不同；汉儒尊孔，汉儒已不同于孔；宋儒又不同于汉儒；现代又有新儒学，新儒学既不同于宋儒，也不同于汉儒。但是，它们是一条传统，一条大河。

文化没有一成不变的。时代变了，文化要随着变。两种文化发生接触，就会互相吸收，丰富了自己，也改变了自己。这也是自然规律。

从历史上看，汉族的文化从周边民族文化中吸收的是不少的。音乐、舞蹈、生产、生活用品，都从其他民族吸收了不少东西。中国传统文化，就是这样逐步融合，逐步扩大，逐步丰富的。

文化接触，互相吸收中，表层文化，日常生活用品，体育、文化娱乐方面的用品，容易接受；触及风俗习惯、政治体制、人伦道德、社会形态等文化深层的事物，就不容易接受。

一般说，在一个民族历史的向上发展阶段，开明智慧的人物在位（政治上在位，社会上也在位），对外界文化就易于接受；如果外来文化到来的时候，正是这一民族社会历史走下坡路，昏庸腐败的人在位的时期，外来文化就会被排斥拒绝。越是触及传统文化的根基，越会被强烈反对、排斥、拒绝。

西方文化来到中国的时候，中国社会正在走下坡路，而且西方文化是跟着坚船利炮打进来的。西方文化传播的急先锋是传教士。坚船大炮冲进沿海，也冲到内地。传教士也跟着走到沿海，走到内地。它们比炮船走得还远，他们走进城市，也走到穷乡僻壤。这就引起西方文化和中国文化的碰击。

西方文化和中国文化的碰击，先后激起两次大冲突，一次是太平天国，一次是义和团。

洪秀全接受天主教教义，结合农民反穷困、反封建压迫的要求，提出男女平等、天朝田亩制度等，对抗中国传统文化。它不但触及中国风俗习惯、政治体制、清朝政权，也触及中国文化的深层、名教、伦理纲常、社会体制、财产关系，触及地主阶级的直接利益。但它是由洋教引起的，湘军创建人曾国藩的《讨粤匪檄》骂洪秀全："举中国数千年礼义人伦、诗书、典则，一旦扫地荡尽。此岂独我大清之变，乃开辟以来名教之奇变，我孔子、孟子之所痛哭于九泉。"曾国藩是以中国文化对抗西方文化。

传教士所到之处，欺压中国人民，信奉洋教的中国教徒也跟着欺压中国人民。天主教教义和中国名教纲常，对立多，和谐少。两种文化碰击，激起中国人反对洋教。

又一次是义和团。义和团比较复杂，它原是扶明灭清的，后来为清朝政府所用，成为扶清灭洋的组织。农民的意识，多是保守的。在经济利益上，它是反对剥削，反对地主阶级的剥削统治的，但它的意识是受地主阶级的影响的。它是旧文化伦理纲常的支持者。义和团运动，是又一次中国文化对抗西方文化运动。

先进的东西，总是会为人所羡慕接受的，这是什么力量也挡不住的。挡、抵抗，只能推迟时间，终究还是要吸收接受的。太史公司马迁说过：

> 夫神农以前，吾不知已。至若《诗》《书》所述虞夏以来，耳目欲极声色之好，口欲穷刍豢之味，身安逸乐，而心夸矜势能之荣。使俗之渐民久矣，虽户说以眇论，终不能化。（《史记·货殖列传》）

司马迁很懂历史的辩证发展。

近代中国，对西方文化就是：一面抵抗，一面退却，又一面自愿或不自愿地一步步地接受。

鸦片战争后，魏源提出“师夷之长技以制夷”。“师”就是以西方为师，是学习西方的坚船利炮。洋务运动采用资本主义生产方式创办枪炮、纺织、冶铁、邮电、矿务等厂局，设立新式学堂，兴办教育。他提出“西学为用，中学为体”。采用西学，仍以中学为本。但西学为“用”，已于坚船利炮之外，用到工矿企业资本主义生产方式。顺便说一句，由于近代思潮的激进，我们对洋务运动的评价太低了。洋务运动使中国资本主义很有发展，成功多被抹杀了。甲午中日战争后，康有为在维新运动中又提出君主立宪，触及政治体制了。孙中山提出“创立民国”的口号，还提出“民生主义”。孙中山已接受西方的民主思想，主张学习西方废除君主专制，建立民主共和国，并以国家资本主义代替中国落后的工农业经济。

到现在为止，我们已接受了不少西方文化。从生活上看，我们吃的有西餐，穿的是西装，住的是洋式楼房，坐的是汽车、火车、飞机，马路代替了土路。行的是握手、鞠躬礼。如果现在把清朝人从坟墓里请出来，起死回生，让他看看现在的中国，会惊讶是外国了。

尽管过去我们已经吸收接受了不少西方文化，到目前为止我们在生活、生产上已很大程度地西方化了，但我们还化得不够。我们还没有完成我们的现代化任务，今后在完成现代化任务中，我们还要不断地吸收接受西方文化。所以我说“中国文化的未来”的第一步，譬如说几十年内，仍要以吸收接受西方文化为主。其中最主要的仍是科学和民主。我们要现代化，就要科学和民主。

文化较量，总是先进的战胜落后的。近代中国，政治军事上是战败者，文化上也是战败者。大量西方文化能进入中国为中国所接受，就是因为它是先进的。西方文化比中国文化先进一个社会阶段，这大约是没有问题的。因为谁也不能不承认，中国现在正在继续进行现代化。资本主义是比中国旧社会高出一个档次的社会。更具体地说，无论说中国旧社会是什么社会，封建社会或半殖民地半封建社会，中国不是资本主义。但明清以来，中国已有资本主义萌芽。这就说明中国也会向资本主义社会方向走的。这也就说明资本主义社会是先进的，中国社会是落后的。中国社会比资本主义社会落后一个阶段。中国文化是前于资本主义的文化，西方文化是先进的文化。

二、灿烂的未来

吸收西方文化求得中国现代化之后，譬如说几十年后中国文化的未来将如何？这是我要讲的“中国文化的未来”的本体了。答案是：这要看今后人类社会发展的大趋势，以及中国文化和未来社会的适应性如何。中国文化如果适应这个未来社会发展趋势，它就会继续发扬光大，否则衰落。

我看它是适应的，会发扬光大的。今天所能看到的世界走向或说大趋势，有几点很显著：

一大趋势是走向一体化。

人类历史，本来就是逐步扩大的。最初，人类是在氏族、部落体内生活，氏族部落之外就是另外的世界。其后出现国家、民族国家、帝国。秦汉帝国、罗马帝国、波斯帝国，都包括了许多被兼并的国家、民族。

当前世界的一些动向，也给我们显示了世界的大势所趋。第一次世界大战后，出现国际联盟，也出现欧洲联邦的呼声。第二次世界大战后，出现了联合国，出现经济上的合作或联合，如北美自由贸易，东南亚经济同盟，欧洲联盟。这些都反映了在政治上、经济上世界大势所趋都趋向于一体化。高水平的经济发展，各地区经济的互相依存，要求不受国界的束缚，向更大的一体化上走。这是历史大趋势。无论要走多长时间，中间会有多少反复、挫折，但大势所趋是走上一体化。这个大趋势是谁也阻止不住的。

另一大趋势是和平。和平将代替武力。

从历史上看，人类生活范围的扩大主要是通过武力征服来完成的，氏族部落到部落联盟，到国家，到大帝国，都是通过武力征服，很少以和平手段实现的。战争是残酷的，人类却竟然战争了几千年。争城以战，杀人盈城；争地以战，杀人盈野。但战争手段已不适于今后的世界。今后世界大趋势必然是和平的，通过和平道路走向世界政治经济的一体化。这可以从两方面来看：第一，杀人武器的发展，使人类不能再战争。原子弹、氢弹，可以毁灭人类，生物、化学、细菌武器都足以毁灭人类。战争的结果，毁灭了敌人也毁灭了自己。到这时候，战争已失去了作为解决问题的手段的价值。这些武器——原子弹、氢弹、一部分生物、化学、细菌武器，都是我们已看到的。今天的科学，突飞猛进，一日千里，未来时期，杀人的武器还不知要发展到何样水平。但武器越可怕，战争的可能性就越小。第二，资本主义+计划经济+社会福利，其前途必然是中产阶级的稳定、强大和健康发展。这是使世界走向和平、民主道路和在和平、民主中进步发展的保证。

一个健康的社会，都是中产阶级占优势的社会。中产阶级爱和平，要求民主、改良，在民主、改良中进步。只要社会中的中产阶级能够维护住它的强有力的地位，理性就会战胜愚昧，世界就会和平、健康地发展下去。

世界上小的战争还会有的。但战争必然是在落后地区发生。哪里落后，哪里就有战争。物质生活和文化素质，总是同步发展的。人类总是哪里物质生活水平高，哪里就教育发达、文化素质高。打和斗，与文化素质有关系。人的文化素质越高，打斗就会越少。文化素质的高低，是以物质生活水平的高低为基础的，生活水平越高，打斗就越少。

世界性的大战，也难说绝对不可能发生。现在已有些迹象，使人产生隐忧。第二次世界大战后的历史发展轨迹，很有些像第一次世界大战后。把两次大战后走的路比较一下，是使人吃惊和会引起警惕的。其历史有这几个阶段：

第一次世界大战后：

（一）强烈要求和平。战争创伤使人痛苦，加以生产破坏，人间穷困，生活困难。反战、希望和平的愿望非常强烈，爱和平的声浪压倒一切，于是就出现了国际联盟，还出现了欧洲联邦的呼声。

（二）逐渐出现小摩擦，小战争。

（三）法西斯兴起，在意大利、德意志取得政权。日本军国主义掌握军政大权。

（四）日、意、德对外侵略，发动战争，终至引起世界大战。

第二次世界大战后：

（一）强烈要求和平，出现联合国，出现欧盟等和平联合组织。同第一次世界大战后第一阶段。

（二）逐渐出现小摩擦、小战争。同第一次世界大战后第二阶段。

（三）看到了法西斯抬头的苗头。德国有新纳粹组织和活动。日本有人鼓吹：日本在中国和东南亚的侵略不是侵略，是反西方殖民主义，是谋求亚洲解放、共存共荣。“侵略”两字在日本教科书里都不能出现。日本内阁大臣都是昂首走进靖国神社，参拜战犯为民族英雄了。同第一次世界大战后第三阶段前部。

（四）将走向何方？

第二次世界大战后的历史，前三个阶段都是沿着第一次世界大战后的足迹亦步亦趋地走的。一战后的第三阶段后是战争，二战之后的第三阶段后将如何？使人担心。

但，即使疯人会又一次掌握人类的命运，又一次发动世界大战，大半人类被毁灭，战后人类仍是要走和平道路的。和平最终总会战胜战争。人类的未来，是和平。

世界未来的再一大趋势是世界大同。

大同的核心涵义是“天下为公”，或者说就是共产主义。在苏联解体以后，我们对这个问题是可以坐下来加以深刻研究了。共产不是一呼就来，一蹴就到的。实现共产主义的道路，马克思、恩格斯都提出要两条腿走路，一是和平民主的道路，二是武装革命。他们还都强调过和平道路。马克思说：“凡是利用和平宣传能更快更可靠地达到这一目的的地方，举行起义就是不明智的。”（《马克思恩格斯全集》中文版第17

卷，683页）恩格斯对“能不能用和平的办法废除私有制”的答案是“但愿如此，共产主义者也会是最不反对这种办法的人”（同上书，第4卷，366页）。他在另外的地方又说：“我们首先就要采取措施，使我们能够在实现社会关系的变革的时候，避免使用暴力和流血。要达到这个目的只有一种办法，就是和平实现共产主义。”（同上书，第2卷，625页）马克思、恩格斯之后，共产主义兵分两路前进，第二国际认为资本主义的发展，会由帝国主义，而超帝国主义而通过和平民主道路演化到社会主义。第三国际主张暴力革命。时至今日，资本主义的演化道路，世界政治经济一体化的趋势和世界和平的趋势，大体都是沿着第二国际所分析的道路前进的。这使我们相信，大同、共产，是世界大势所趋，但道路是和平的，暴力可能是不必要的了。

从这三种大趋势瞻望未来世界，可以看到未来世界是一体化的，和平的，天下为公的。前二者不太远就可能实现，后一者需要时间，可能很长时间。

我们前几讲，已讲过中国文化的主要精神是：和平、友爱，是中庸之道，不过激，不不及，是四海之内皆兄弟也，是天下为公。这种文化，是和世界未来的趋势合拍的，在未来世界是会占有重要的地位的。

这里，我要特别强调的是：中国的传统文化中就有世界大同、天下为公的思想。《礼记·礼运篇》有：“大道之行也，天下为公。选贤与能，讲信修睦。故人不独亲其亲，不独子其子，使老有所终，壮有所用，幼有所长，鳏寡孤独废疾者，皆有所养；男有分，女有归。货恶其弃于地也，不必藏于己；力恶其不出于身也，不必为己。是故谋闭而不兴，盗窃乱贼而不作，故外户而不闭，是为大同。”

康有为有《大同书》，但他的思想远远超出了《礼运篇》。他发挥了天下为公的“公”字。他认为人是受各种“界”（即各种界限、各种网）所束缚的，各种界都为人带来痛苦。人要破除“诸苦界”，破除国界、族界、家界、财产私有界。这些界，是苦根。破除这些苦界，人才能到达极乐境地，即大同世。康有为的思想，是深刻、高明的，问题在他是幻想。他对走向大同的道路，没有想法。他是茫然的。

孙中山先生就常书写“天下为公”四字送人。“天下为公”的思想，是中国传统文化中的精髓。

中国文化是有生命力的，有光荣前途的。

1995年11月完稿

1996年2月修改

国家新闻出版广电总局
首届向全国推荐中华优秀传统文化普及图书

大家小书书目

国学救亡讲演录	章太炎 著 蒙 木 编
门外文谈	鲁 迅 著
经典常谈	朱自清 著
语言与文化	罗常培 著
习坎庸言校正	罗 庸 著 杜志勇 校注
鸭池十讲（增订本）	罗 庸 著 杜志勇 编订
古代汉语常识	王 力 著
国学概论新编	谭正璧 编著
文言尺牍入门	谭正璧 著
日用交谊尺牍	谭正璧 著
敦煌学概论	姜亮夫 著
训诂简论	陆宗达 著
金石丛话	施蛰存 著
常识	周有光 著 叶 芳 编
文言津逮	张中行 著
经学常谈	屈守元 著
国学讲演录	程应镠 著
英语学习	李赋宁 著
中国字典史略	刘叶秋 著
语文修养	刘叶秋 著
笔祸史谈丛	黄 裳 著
古典目录学浅说	来新夏 著
闲谈写对联	白化文 著
汉字知识	郭锡良 著
怎样使用标点符号（增订本）	苏培成 著
汉字构型学讲座	王 宁 著

诗境浅说	俞陛云　著
唐五代词境浅说	俞陛云　著
北宋词境浅说	俞陛云　著
南宋词境浅说	俞陛云　著
人间词话新注	王国维　著　滕咸惠　校注
苏辛词说	顾　随　著　陈　均　校
诗论	朱光潜　著
唐五代两宋词史稿	郑振铎　著
唐诗杂论	闻一多　著
诗词格律概要	王　力　著
唐宋词欣赏	夏承焘　著
槐屋古诗说	俞平伯　著
词学十讲	龙榆生　著
词曲概论	龙榆生　著
唐宋词格律	龙榆生　著
楚辞讲录	姜亮夫　著
读词偶记	詹安泰　著
中国古典诗歌讲稿	浦江清　著 浦汉明　彭书麟　整理
唐人绝句启蒙	李霁野　著
唐宋词启蒙	李霁野　著
唐诗研究	胡云翼　著
风诗心赏	萧涤非　著　萧光乾　萧海川　编
人民诗人杜甫	萧涤非　著　萧光乾　萧海川　编
唐宋词概说	吴世昌　著
宋词赏析	沈祖棻　著
唐人七绝诗浅释	沈祖棻　著
道教徒的诗人李白及其痛苦	李长之　著
英美现代诗谈	王佐良　著　董伯韬　编
闲坐说诗经	金性尧　著
陶渊明批评	萧望卿　著

古典诗文述略　　吴小如　著

诗的魅力
　　——郑敏谈外国诗歌　　郑　敏　著

新诗与传统　　郑　敏　著

一诗一世界　　邵燕祥　著

舒芜说诗　　舒　芜　著

名篇词例选说　　叶嘉莹　著

汉魏六朝诗简说　　王运熙　著　董伯韬　编

唐诗纵横谈　　周勋初　著

楚辞讲座　　汤炳正　著
汤序波　汤文瑞　整理

好诗不厌百回读　　袁行霈　著

山水有清音
　　——古代山水田园诗鉴要　　葛晓音　著

红楼梦考证　　胡　适　著

《水浒传》考证　　胡　适　著

《水浒传》与中国社会　　萨孟武　著

《西游记》与中国古代政治　　萨孟武　著

《红楼梦》与中国旧家庭　　萨孟武　著

《金瓶梅》人物　　孟　超　著　张光宇　绘

水泊梁山英雄谱　　孟　超　著　张光宇　绘

水浒五论　　聂绀弩　著

《三国演义》试论　　董每戡　著

《红楼梦》的艺术生命　　吴组缃　著　刘勇强　编

《红楼梦》探源　　吴世昌　著

《西游记》漫话　　林　庚　著

史诗《红楼梦》　　何其芳　著
王叔晖　图　蒙　木　编

细说红楼　　周绍良　著

红楼小讲　　周汝昌　著　周伦玲　整理

曹雪芹的故事	周汝昌　著　周伦玲　整理
古典小说漫稿	吴小如　著
三生石上旧精魂 ——中国古代小说与宗教	白化文　著
《金瓶梅》十二讲	宁宗一　著
中国古典小说十五讲	宁宗一　著
古体小说论要	程毅中　著
近体小说论要	程毅中　著
《聊斋志异》面面观	马振方　著
《儒林外史》简说	何满子　著

我的杂学	周作人　著　张丽华　编
写作常谈	叶圣陶　著
中国骈文概论	瞿兑之　著
谈修养	朱光潜　著
给青年的十二封信	朱光潜　著
论雅俗共赏	朱自清　著
文学概论讲义	老　舍　著
中国文学史导论	罗　庸　著　杜志勇　辑校
给少男少女	李霁野　著
古典文学略述	王季思　著　王兆凯　编
古典戏曲略说	王季思　著　王兆凯　编
鲁迅批判	李长之　著
唐代进士行卷与文学	程千帆　著
说八股	启　功　张中行　金克木　著
译余偶拾	杨宪益　著
文学漫识	杨宪益　著
三国谈心录	金性尧　著
夜阑话韩柳	金性尧　著
漫谈西方文学	李赋宁　著
历代笔记概述	刘叶秋　著

周作人概观	舒 芜 著
古代文学入门	王运熙 著 董伯韬 编
有琴一张	资中筠 著
中国文化与世界文化	乐黛云 著
新文学小讲	严家炎 著
回归，还是出发	高尔泰 著
文学的阅读	洪子诚 著
中国文学1949—1989	洪子诚 著
鲁迅作品细读	钱理群 著
中国戏曲	么书仪 著
元曲十题	么书仪 著
唐宋八大家 ——古代散文的典范	葛晓音 选译
辛亥革命亲历记	吴玉章 著
中国历史讲话	熊十力 著
中国史学入门	顾颉刚 著 何启君 整理
秦汉的方士与儒生	顾颉刚 著
三国史话	吕思勉 著
史学要论	李大钊 著
中国近代史	蒋廷黻 著
民族与古代中国史	傅斯年 著
五谷史话	万国鼎 著 徐定懿 编
民族文话	郑振铎 著
史料与史学	翦伯赞 著
秦汉史九讲	翦伯赞 著
唐代社会概略	黄现璠 著
清史简述	郑天挺 著
两汉社会生活概述	谢国桢 著
中国文化与中国的兵	雷海宗 著
元史讲座	韩儒林 著

魏晋南北朝史稿	贺昌群　著
汉唐精神	贺昌群　著
海上丝路与文化交流	常任侠　著
中国史纲	张荫麟　著
两宋史纲	张荫麟　著
北宋政治改革家王安石	邓广铭　著
从紫禁城到故宫——营建、艺术、史事	单士元　著
春秋史	童书业　著
明史简述	吴　晗　著
朱元璋传	吴　晗　著
明朝开国史	吴　晗　著
旧史新谈	吴　晗　著　习　之　编
史学遗产六讲	白寿彝　著
先秦思想讲话	杨向奎　著
司马迁之人格与风格	李长之　著
历史人物	郭沫若　著
屈原研究（增订本）	郭沫若　著
考古寻根记	苏秉琦　著
舆地勾稽六十年	谭其骧　著
魏晋南北朝隋唐史	唐长孺　著
秦汉史略	何兹全　著
魏晋南北朝史略	何兹全　著
司马迁	季镇淮　著
唐王朝的崛起与兴盛	汪　篯　著
南北朝史话	程应镠　著
二千年间	胡　绳　著
论三国人物	方诗铭　著
辽代史话	陈　述　著
考古发现与中西文化交流	宿　白　著
清史三百年	戴　逸　著

清史寻踪	戴　逸　著
走出中国近代史	章开沅　著
中国古代政治文明讲略	张传玺　著
艺术、神话与祭祀	张光直　著
	刘　静　乌鲁木加甫　译
中国古代衣食住行	许嘉璐　著
辽夏金元小史	邱树森　著
中国古代史学十讲	瞿林东　著
历代官制概述	瞿宣颖　著
宾虹论画	黄宾虹　著
中国绘画史	陈师曾　著
和青年朋友谈书法	沈尹默　著
中国画法研究	吕凤子　著
桥梁史话	茅以升　著
中国戏剧史讲座	周贻白　著
中国戏剧简史	董每戡　著
西洋戏剧简史	董每戡　著
俞平伯说昆曲	俞平伯　著　陈　均　编
新建筑与流派	童　寯　著
论园	童　寯　著
拙匠随笔	梁思成　著　林　洙　编
中国建筑艺术	梁思成　著　林　洙　编
沈从文讲文物	沈从文　著　王　风　编
中国画的艺术	徐悲鸿　著　马小起　编
中国绘画史纲	傅抱石　著
龙坡谈艺	台静农　著
中国舞蹈史话	常任侠　著
中国美术史谈	常任侠　著
说书与戏曲	金受申　著
世界美术名作二十讲	傅　雷　著

中国画论体系及其批评	李长之　著
金石书画漫谈	启　功　著　赵仁珪　编
吞山怀谷 ——中国山水园林艺术	汪菊渊　著
故宫探微	朱家溍　著
中国古代音乐与舞蹈	阴法鲁　著　刘玉才　编
梓翁说园	陈从周　著
旧戏新谈	黄　裳　著
民间年画十讲	王树村　著　姜彦文　编
民间美术与民俗	王树村　著　姜彦文　编
长城史话	罗哲文　著
天工人巧 ——中国古园林六讲	罗哲文　著
现代建筑奠基人	罗小未　著
世界桥梁趣谈	唐寰澄　著
如何欣赏一座桥	唐寰澄　著
桥梁的故事	唐寰澄　著
园林的意境	周维权　著
万方安和 ——皇家园林的故事	周维权　著
乡土漫谈	陈志华　著
现代建筑的故事	吴焕加　著
中国古代建筑概说	傅熹年　著
简易哲学纲要	蔡元培　著
大学教育	蔡元培　著 北大元培学院　编
老子、孔子、墨子及其学派	梁启超　著
春秋战国思想史话	嵇文甫　著
晚明思想史论	嵇文甫　著
新人生论	冯友兰　著

中国哲学与未来世界哲学	冯友兰　著
谈美	朱光潜　著
谈美书简	朱光潜　著
中国古代心理学思想	潘　菽　著
新人生观	罗家伦　著
佛教基本知识	周叔迦　著
儒学述要	罗　庸　著　杜志勇　辑校
老子其人其书及其学派	詹剑峰　著
周易简要	李镜池　著　李铭建　编
希腊漫话	罗念生　著
佛教常识答问	赵朴初　著
维也纳学派哲学	洪　谦　著
大一统与儒家思想	杨向奎　著
孔子的故事	李长之　著
西洋哲学史	李长之　著
哲学讲话	艾思奇　著
中国文化六讲	何兹全　著
墨子与墨家	任继愈　著
中华慧命续千年	萧萐父　著
儒学十讲	汤一介　著
汉化佛教与佛寺	白化文　著
传统文化六讲	金开诚　著　金舒年　徐令缘　编
美是自由的象征	高尔泰　著
艺术的觉醒	高尔泰　著
中华文化片论	冯天瑜　著
儒者的智慧	郭齐勇　著
中国政治思想史	吕思勉　著
市政制度	张慰慈　著
政治学大纲	张慰慈　著
民俗与迷信	江绍原　著　陈泳超　整理

政治的学问	钱端升　著　钱元强　编
从古典经济学派到马克思	陈岱孙　著
乡土中国	费孝通　著
社会调查自白	费孝通　著
怎样做好律师	张思之　著　孙国栋　编
中西之交	陈乐民　著
律师与法治	江　平　著　孙国栋　编
中华法文化史镜鉴	张晋藩　著
新闻艺术（增订本）	徐铸成　著
经济学常识	吴敬琏　著　马国川　编

中国化学史稿	张子高　编著
中国机械工程发明史	刘仙洲　著
天道与人文	竺可桢　著　施爱东　编
中国医学史略	范行准　著
优选法与统筹法平话	华罗庚　著
数学知识竞赛五讲	华罗庚　著
中国历史上的科学发明（插图本）	钱伟长　著

出版说明

“大家小书”多是一代大家的经典著作，在还属于手抄的著述年代里，每个字都是经过作者精琢细磨之后所拣选的。为尊重作者写作习惯和遣词风格、尊重语言文字自身发展流变的规律，为读者提供一个可靠的版本，“大家小书”对于已经经典化的作品不进行现代汉语的规范化处理。

提请读者特别注意。

北京出版社